C.H.BECK **WISSEN**

in der Beck'schen Reihe

Die Vereinten Nationen sind zu Beginn des 21. Jahrhunderts auf fundamentale Weise mit neuen Herausforderungen konfrontiert. Sind sie von ihrer Organisationsform her auf Vereinbarungen zwischen einzelnen Staaten angelegt, so zeigt sich inzwischen, dass viele gegenwärtige Probleme zunehmend nichtstaatlichen Charakter und häufig globale Ausmaße haben – der Terrorismus, die Gefährdungen der Umwelt und die Auflösung von staatlicher Souveränität sind nur einige der Schwierigkeiten, mit denen sich die UNO konfrontiert sieht. Klaus Dieter Wolf beschreibt die grundlegenden Strukturen und Aufgaben der Vereinten Nationen in einer sich ändernden Welt und zeigt die wichtigsten Entwicklungen und veränderten Aufgaben auf.

Klaus Dieter Wolf lehrt als Professor für Politikwissenschaft mit dem Schwerpunkt Internationale Beziehungen an der Technischen Universität Darmstadt. Wichtige Veröffentlichungen: Die Neue Staatsräson (2000); (zus. Mit G. Hellmann und M. Zürn hg.) Die neuen Internationalen Beziehungen (2003).

Klaus Dieter Wolf

DIE UNO

Geschichte, Aufgaben, Perspektiven

Verlag C. H. Beck

Originalausgabe

Gesamtherstellung: Druckerei C. H. Beck, Nördlingen
Umschlagabbildung: RUNIC Büro Bonn
Umschlagentwurf: Uwe Göbel, München
Printed in Germany
ISBN 3 406 50878 2

www.beck.de

Inhalt

I. Einführung: Die Vereinten Nationen vor neuen Aufgaben

Wenn in diesem Buch der 60. Jahrestag der Gründung der Vereinten Nationen zum Anlass genommen wird, ihre Rolle in der Weltpolitik zusammenhängend darzustellen, wird dabei ein deutlich anderes Bild entstehen, als es sich anlässlich des 50. oder des 40. Jahrestages der Entstehung der Weltorganisation dargeboten hätte. Die UNO steht vor dem Eintritt in eine neue Phase. Ihre bisherige Ausrichtung auf die Staatenwelt ist am Anfang des 21. Jahrhunderts auf eine fundamentalere Weise als je zuvor infrage gestellt. Niemand hat dies deutlicher zum Ausdruck gebracht als der siebte Generalsekretär der Vereinten Nationen, Kofi Annan, als er am 31. Dezember 1998 feststellte: «Bisher verhandelten die Vereinten Nationen nur mit Regierungen. Heute wissen wir, dass Friede und Wohlstand ohne Partnerschaft zwischen den Regierungen, den internationalen Organisationen, der Wirtschaft und der Zivilgesellschaft nicht möglich sind. In der heutigen Welt sind wir alle voneinander abhängig.» Der Wandel der grenzüberschreitenden Beziehungen rückt die Bedeutung der Staaten und der Staatenwelt in ein neues Licht, deren Geschöpf die UNO ist und deren Schutz sie ursprünglich vor allem dienen sollte.

Unerwarteten Herausforderungen sahen sich die Vereinten Nationen zwar von ihrer ersten Stunde an ausgesetzt. So war ihr Kernstück, der Sicherheitsrat, mit dem Auseinanderbrechen der Kriegskoalition praktisch von Geburt an gelähmt und während der gesamten Zeit des Kalten Krieges funktionsunfähig. Dessen Beginn stellte aber «nur» insoweit eine erste Zeitenwende in der damals noch jungen Geschichte der Vereinten Nationen dar, als sich damit lediglich die Staatenwelt neu konfigurierte. Der gegenwärtige Wandel geht sehr viel weiter. Mit der Auflösung der Blöcke sind jahrzehntelang unterdrückte innerstaatliche

Konflikte wieder aufgebrochen, die durch die Folgen der Globalisierung noch verschärft wurden. Dies hat in einigen besonders dramatischen Fällen zum Zerfall von Staatsverbänden geführt, die zur Beute privater Kriegsherren oder organisierter Krimineller und deren Territorien zu den «Heimathäfen» terroristischer Organisationen wurden.

Die Staaten sind, wenn es um Frieden und Sicherheit geht, nicht mehr das, was sie früher einmal waren, und sie sind auch nicht mehr unter sich. Gefährdungen gehen immer weniger von zu viel ungehemmter staatlicher Machtausübung gegenüber anderen Staaten aus, sondern immer häufiger von Problemen, die dadurch entstehen, dass mit der staatlichen Autorität eine tragende Säule der bisherigen Weltordnung zerfällt. Der Nationalstaat stellt heute in vielen Bereichen nicht mehr die natürliche Bezugsgröße für politische, gesellschaftliche und ökonomische Entwicklungsprozesse dar. Die staatliche Ebene steht von außen und von innen gleichermaßen unter Druck. Von außen hat die Globalisierung des Wirtschaftsgeschehens die Suche nach neuen Formen der politischen Steuerung ausgelöst, in denen der Staat eine andere Rolle spielen wird als bisher. Im Inneren rütteln ethno-nationalistische Fragmentierungsprozesse und die mit der Verbreitung der Demokratie verbundene Aufwertung des Prinzips der individuellen Selbstbestimmung an der Legitimität staatlicher Herrschaft. Dabei rücken die Bedürfnisse der Menschen immer mehr in den Vordergrund. Das Ziel, den Einzelnen vor existenziellen Bedrohungen zu schützen, tritt in Konkurrenz zu dem ursprünglichen Ziel der Vereinten Nationen als Beschützerin der staatlichen Souveränität gegenüber Eingriffen von außen. Die Akzente beginnen sich hin zu einer auf das Wohl der Menschen und nicht mehr nur der Staaten ausgerichteten internationalen Verantwortung zu verschieben.

Kurzum: Das Staatensystem steckt in der Krise. Weder ist es als Ganzes noch ausreichend in der Lage, grundlegende weltpolitische Ordnungsleistungen zu erbringen, noch können seine Bestandteile, die einzelnen Staaten, die von ihnen erwarteten Ordnungsfunktionen alle gleichermaßen wirksam und auf eine rechtsstaatlichen Anforderungen genügende Weise wahrnehmen. Dieser Befund hat für die Vereinten Nationen einschneidende Konsequenzen. Die UNO ist eine zwischenstaatliche («intergouvernementale») Organisation, die ganz wesentlich auf ein funktionsfähiges Staatensystem und auf gegenüber Wirtschaft und Gesellschaft handlungsfähige Staaten angewiesen ist. Die Gewichte zwischen der Staatenwelt und grenzüberschreitend tätigen privaten Akteuren unterschiedlichster Couleur haben sich jedoch in konflikthafter und regelungsbedürftiger Weise zu verschieben begonnen. Im ersten Jahrzehnt des 21. Jahrhunderts, das zeigen die Schwierigkeiten der USA bei der Bekämpfung des Terrorismus, sind die grenzüberschreitenden Herausforderungen für staatliche Alleingänge sogar im Kernbereich der Sicherheitspolitik zu groß geworden. Aber selbst wenn die Staaten sie gemeinsam in Angriff zu nehmen versuchen, stoßen sie immer früher an die Grenze der von ihnen selbst gesetzten, von der UNO zu beschützenden und für die Erhaltung des Staatensystems konstitutiven Schwelle der territorialstaatlichen Souveränität. Staatlichkeit und Territorialität werden von Herausforderungen wie dem transnationalen Terrorismus aber gleich in doppelter Weise infrage gestellt. Zum einen gehen die Bedrohungen in diesem Fall von territorial ungebundenen und grenzüberschreitend operierenden privaten Akteuren aus, und zum anderen richten sie sich, zumal dann, wenn terroristische Gruppierungen erst einmal über Massenvernichtungswaffen verfügen, mehr gegen die Zivilbevölkerung als gegen die Staaten selbst. Derartige Herausforderungen unterlaufen, überfordern und sprengen den zwischenstaatlichen Ordnungsrahmen, den die Vereinten Nationen bisher bereitgestellt haben – und aufgrund ihrer zwischenstaatlichen Organisationsform auch nur bereitstellen konnten. Das der UNO traditionell zur Verfügung stehende Instrumentarium besteht im Kern darin, den gewaltsamen Konfliktaustrag zwischen Staaten durch völkerrechtliche Selbstbindungen zwischen ihnen zu zivilisieren und Verstöße dagegen notfalls mit kollektiv autorisierten Zwangsmaßnahmen zu bestrafen.

Diesem Ansatz eines sanktionsbewehrten Friedens durch Recht liegt die Annahme zugrunde, dass die Schöpfer und Adressaten des Völkerrechts die Staaten sind. Er ist daher nur bedingt geeignet, mit Existenzgefährdungen umzugehen, die weder von Staaten ausgehen noch unmittelbar auf Staaten gerichtet sind. Private Akteure sind damit allenfalls indirekt zu erreichen. Immer häufiger sind die Vereinten Nationen in den vergangenen Jahren nach Bürgerkriegen ins Land geholt worden, um an der «Reparatur» eines zerfallenen Staates mitzuwirken und die Voraussetzungen für die Wiederherstellung einer effektiven und «guten» Regierungsführung zu schaffen. Probleme von *good governance* beschränken sich allerdings keineswegs auf diese besonders spektakulären Fälle, sondern stellen eine ganz alltägliche Begleiterscheinung der insbesondere in vielen Entwicklungsländern begrenzten staatlichen Kapazitäten dar, wenn es darum geht, eine nachhaltige, d. h. vor allem sozial- und umweltverträgliche Wohlfahrtsentwicklung in Gang zu setzen und politisch zu steuern. Obwohl es meistens auch an administrativen Kompetenzen mangelt, erscheint es wenig aussichtsreich, diese Probleme allein durch «mehr Staat» lösen zu wollen. Auch die Vereinten Nationen setzen in diesen Ländern daher vermehrt auf Instrumente der politischen Steuerung, die nicht auf mehr gesellschaftliche Disziplinierung ausgerichtet sind, sondern im Gegenteil auf eine stärkere Öffnung gegenüber privaten Akteuren aus Gesellschaft und Wirtschaft mit dem Ziel, diese in das Regieren einzubinden. Denn häufig verfügen gerade nichtstaatliche Gruppen und Organisationen über ebenso relevante Problemlösungsressourcen wie die staatlichen Institutionen selbst.

Die in den Vereinten Nationen zusammengeschlossenen Staaten sehen sich heute mit einem Problemhaushalt konfrontiert, den sie nur dann erfolgreich bewältigen können, wenn es ihnen gelingt, sich gegenüber den zunehmend wichtiger werdenden Herausforderungen *und* Problemlösungsangeboten privater Akteure neu zu positionieren. Für die UNO könnte dies in letzter Konsequenz bedeuten, dass auch sie ihre Identität den neuen Gegebenheiten anpassen muss. Die bereits zitierte Feststellung Kofi Annans signalisiert deutlich die Bereitschaft zu einem innovativen Umgang mit dem wachsenden Spannungsverhältnis zwischen dem Selbstverständnis der UNO als einer zwischenstaatlichen Organisation auf der einen Seite und dem Wandel souveräner Staatlichkeit im Zuge einer Neubestimmung des Verhältnisses zwischen Staat, Gesellschaft und Wirtschaft in einem globalen Rahmen andererseits. Generalsekretär Annan hat mit seiner Aufforderung an die Wirtschaftswelt und die internationale Zivilgesellschaft zur Übernahme von freiwilligen Selbstverpflichtungen im Rahmen des Globalpakts der Vereinten Nationen (*Global Compact*) bereits eine bemerkenswerte Initiative ergriffen.

Mit der Zunahme ihrer Aufgaben wird auch der Legitimitätsbedarf der UNO wachsen. Einer lange Zeit unhinterfragten staatenzentrierten Demokratievorstellung zufolge verfügt eine internationale Organisation bereits dann über eine ausreichende demokratische Legitimität, wenn die in ihr vertretenen Staaten nach dem Prinzip «Ein Land – eine Stimme» alle das gleiche Stimmrecht besitzen – auch dann, wenn die Bevölkerungen so gut wie keinen Einfluss darauf nehmen können, was die Vertreter ihrer Regierungen in ihrem Namen, aber über ihre Köpfe hinweg, dort aushandeln. Die Verlagerung der Globalisierungskritik auf die Straße oder das Abhalten medienträchtiger Alternativveranstaltungen als Kontrastprogramm zu den großen Weltkonferenzen unter dem Schirm der Vereinten Nationen haben auf ein Partizipationsdefizit aufmerksam gemacht, das nach mehr Mitwirkungsrechten der eigentlichen Souveräne, nämlich der betroffenen Bürgerinnen und Bürger selbst, ruft.

Die zentrale übergreifende Aufgabe der Vereinten Nationen wird in den kommenden Jahren darin bestehen, sich von einer zwischenstaatlichen Institution zur kollektiven Selbstregulierung der Staatenwelt in eine Organisation zur kollektiven Selbstregulierung einer alle genannten Akteursgruppen umfassenden Weltgesellschaft weiterzuentwickeln. Aber wie können die nichtstaatlichen Akteure künftig stärker an der Arbeit der Vereinten Nationen partizipieren, ohne damit die Gefahr heraufzubeschwören, dass eine von Nichtregierungsorganisationen überlaufene oder gar dominierte UNO dann ihre Attraktivität für die Regierungen verliert und in die Irrelevanz abgleitet, weil diese in Arenen auswandern, in denen sie unter sich bleiben und allein entscheiden können? Wie können private Akteure innerhalb eines solchen weltgesellschaftlichen Ordnungsrahmens wirksam auf die Einhaltung völkerrechtlicher Verhaltensnormen verpflichtet werden? Welche Gruppen sollen einbezogen werden? Zivilgesellschaftliche Nichtregierungsorganisationen und transnationale Unternehmen, von deren Mitarbeit sich die Regierungen eine effektivere Bearbeitung der Weltprobleme versprechen, oder sollen auch Warlords und terroristische Organisationen einen mit Rechten und Pflichten verbundenen völkerrechtlichen Status erhalten, um unmittelbar auf sie einwirken zu können?

Für die Vereinten Nationen wird es zukünftig nicht mehr allein oder auch nur vordringlich um die Aufgabe gehen, zwischenstaatliche Konflikte friedlich zu regeln, sondern um die Ermöglichung von *good governance* in einer Welt, in der die Staaten immer weniger in der Lage sind, die von ihnen erwarteten politischen Steuerungsleistungen in den Bereichen Sicherheit, Menschenrechte, Wohlfahrt und Umwelt zu erbringen. In diesem Buch soll dargelegt werden, wie gut die UNO auf die Gegenwarts- und Zukunftsprobleme in diesen Aufgabenfeldern vorbereitet ist und welche Beiträge von ihr zu deren Bewältigung zu erwarten sind.

II. Grundlegendes über die Vereinten Nationen

1. Vorgeschichte, Gründung und Ziele

Am 24. Oktober 1945 trat die Charta der Vereinten Nationen in Kraft. Der Zweite Weltkrieg war gerade zu Ende gegangen und stellte, wie schon der Erste, die Welt vor die Frage, wie sich eine Zukunft ohne Krieg organisieren ließe. Die Antwort war in beiden Fällen die gleiche: durch die Verbesserung der Organisation der Beziehungen zwischen den Staaten. Im Jahr 1919 war zu diesem Zweck bereits der Völkerbund ins Leben gerufen worden. Für seine Gründer waren nicht etwa das Fehlverhalten oder die internen Probleme einzelner Staaten für die Katastrophe des Ersten Weltkriegs verantwortlich, sondern vor allem das Organisationsdefizit in den Beziehungen zwischen den Staaten. Aber hatte die Erfahrung des Zweiten Weltkriegs nicht genau diese Diagnose dementiert? Hatte der Völkerbund nicht sein Ziel verfehlt? Warum also das gleiche Rezept ein zweites Mal ausprobieren?

Diese Frage verkennt, dass mit der Gründung der Vereinten Nationen keine bloße Neuauflage des Völkerbunds beabsichtigt wurde, sondern gerade die Lehren aus dessen Scheitern gezogen werden sollten. Das Versagen des Völkerbunds wurde aber nicht auf die Fehlerhaftigkeit der Idee als solcher zurückgeführt, sondern darauf, dass es nicht gelungen war, alle Staaten in ein kollektives Sicherheitssystem einzubinden und verlässlich darauf einzuschwören, auf den Einsatz von Gewalt nach außen generell zu verzichten. Bekanntlich waren die USA dem Völkerbund nie beigetreten, Deutschland und Italien traten 1933 bzw. 1938 aus. Der Völkerbund hatte das Ziel der Universalität also nicht erreicht und sich als zu schwach erwiesen, um die Ausübung von staatlicher Macht an das internationale Recht zu binden. Die Nachfolgeorganisation sollte deshalb im Unterschied zum Völkerbund nun wirklich universal und auch mit mehr Autorität ausgestattet sein.

In den Überlegungen, die der amerikanische Präsident Franklin D. Roosevelt schon während des Zweiten Weltkriegs für die Nachkriegsordnung anstellte, spielte die Idee einer von den Weltpolizisten USA und Großbritannien mit der erforderlichen Durchsetzungskraft ausgestatteten neuen Weltorganisation eine tragende Rolle. Den Ordnungsanspruch ihrer Länder untermauerten Roosevelt und der britische Premierminister Winston Churchill am 14. August 1941, als sie sich an Bord des britischen Schlachtschiffes «Prince of Wales» in der «Atlantik Charta» über die Grundzüge der Weltordnung nach dem Ende des Zweiten Weltkriegs verständigten. Bei den nachfolgenden Bemühungen, die amerikanisch-britische Initiative auf eine breitere Grundlage zu stellen, achteten die USA stets darauf, dass sich die machtpolitischen Kräfteverhältnisse möglichst unmittelbar in der zu gründenden Organisation widerspiegelten. Am 1. Januar 1942 unterzeichnete eine Allianz von 26 Staaten in Washington die «Erklärung der Vereinten Nationen». Der engere Kreis derjenigen, die in den Planungen für die Nachkriegsordnung eine besondere Rolle spielen sollten, wurde um den Kriegsalliierten Sowjetunion, um China und um das befreite Frankreich erweitert. Von der Vorstellung einer besonderen Verantwortung dieser fünf Staaten führte ein direkter Weg zu den Vorrechten, die sie sich bald darauf als ständige Mitglieder des Sicherheitsrats einräumen sollten.

Zwei weitere wichtige Konferenzen auf dem Weg zur Gründung der Vereinten Nationen fanden im Jahr 1944 statt. In Dumbarton Oaks verständigten sich Experten aus den USA, Großbritannien, der Sowjetunion und China über die Satzung der zu gründenden Nachfolgeorganisation des Völkerbunds. Auf der Konferenz von Bretton Woods wurden unter Mitwirkung von 44 Staaten die Weichen für die Gründung der Weltbank und des Weltwährungsfonds gestellt, die die Grundpfeiler der künftigen internationalen Wirtschafts- und Finanzordnung bilden sollten. Zur Gründung der Vereinten Nationen kam es auf der Konferenz von San Francisco, die vom 25. April bis zum 26. Juni 1945 unter Beteiligung von bereits 50 Staaten stattfand. Bei den Verhandlungen über die Satzung der neuen Organisation kam es über die Zuständigkeiten des Sicherheitsrats, das Vetorecht seiner ständigen Mitglieder und das Gewicht der internationalen Gerichtsbarkeit noch einmal zu heftigen Kontroversen. An deren Ende wurde ein hierarchisches Sicherheitssystem beschlossen, dessen Handlungsfähigkeit sich auf die militärische Macht von fünf Weltpolizisten stützen und das damit einen Gegenentwurf zu der «Zahnlosigkeit» des staatenegalitären Völkerbunds darstellen sollte.

Zusammenfassend betrachtet, stand die Gründung der Vereinten Nationen in einem engen Zusammenhang mit der Katastrophenerfahrung des Zweiten Weltkrieges. Sie lässt sich darüber hinaus als ein hegemonialer Stiftungsakt beschreiben. Die beiden wichtigsten Kriegsalliierten, USA und Großbritannien, waren zugleich Vordenker und Geburtshelfer. Die neue Weltorganisation sollte ihnen die Wahrnehmung von internationalen Ordnungsaufgaben erleichtern. Mit der Konstruktion des Sicherheitsrats wurden die machtpolitischen Realitäten der Nachkriegszeit aufgegriffen. Damit war vor allem die Erwartung einer gegenüber dem Völkerbund größeren Durchsetzungsfähigkeit verbunden. Während diese Erwartung im weiteren Verlauf weitgehend unerfüllt bleiben sollte, ist das zweite Ziel, die Universalität, inzwischen erreicht worden. Die Zahl der Mitgliedstaaten ist bis heute von ursprünglich 51 (1945) über 99 (1960), 127 (1970), 154 (1980) und 159 (1990) auf 191 angewachsen, nachdem im Jahr 2002 auch die Schweiz den Vereinten Nationen beitrat.

Wenn es so etwas wie eine «Verfassung» der Staatengesellschaft gibt, dann trifft diese Charakterisierung auf die am 26. Juni 1945 in San Francisco unterzeichnete Charta der Vereinten Nationen zu. Mit ihren 19 Kapiteln und 111 Artikeln sollte ein universal gültiger Katalog von Normen und Verhaltensregeln an die Stelle von Selbsthilfe und ungezügelter Machtkonkurrenz in den zwischenstaatlichen Beziehungen treten. Auch wenn in ihn zahlreiche normative Leitbilder wie «Unabhängigkeit», «Entwicklung» oder «Menschenrechte» Eingang gefunden haben, gehen sie in gewisser Weise doch alle in dem in der Präambel formulierten übergeordneten Ziel auf, «künftige Geschlechter vor der Geißel des Krieges zu bewahren». Dabei wird ein umfassendes Verständnis von Friedensbedingungen und Kriegsursachen zugrunde gelegt, was aus den sich unmittelbar anschließenden Verweisen auf die Achtung der Menschenrechte, die Herstellung von Gerechtigkeit und die Verbesserung der wirtschaftlichen und sozialen Lebensbedingungen der Völker hervorgeht.

Die Charta umfasst neben den Zielen und Grundsätzen der Organisation (Kapitel I) und den ihr zur Verfügung stehenden Instrumenten noch die Beschreibung der Organe und ihrer Kompetenzen (Kapitel III bis V sowie X und XIII bis XV) sowie Bestimmungen zur internationalen Zusammenarbeit auf wirtschaftlichem und sozialem Gebiet (Kapitel IX). Den Dreh- und Angelpunkt bildet jedoch das in den Kapiteln VI und VII ausbuchstabierte Ziel der Friedenswahrung im Rahmen eines Systems kollektiver Sicherheit. Bereits Artikel 1 bestimmt, dass Bedrohungen des Friedens und Friedensbrüche durch «wirksame Kollektivmaßnahmen» und «friedliche Mittel nach den Grundsätzen der Gerechtigkeit und des Völkerrechts» bereinigt oder beigelegt werden sollen. An sehr prominenter Stelle wird in der Charta damit die überragende Bedeutung der Herrschaft des Rechts über die Macht festgehalten. Staatliche Gewaltanwendung nach außen kann danach nicht mehr mit einem naturgegebenen und individuell auszulegenden Recht auf Selbsterhaltung gerechtfertigt werden, sondern wird den Bestimmungen einer internationalen Rechtsordnung unterworfen. In Artikel 2 wird ein umfassendes völkerrechtliches Gewaltverbot formuliert, dessen Einhaltung das System kollektiver Sicherheit gewährleisten soll: «Alle Mitglieder unterlassen in ihren internationalen Beziehungen jede gegen die territoriale Unversehrtheit oder die politische Unabhängigkeit eines Staates gerichtete oder sonst mit den Zielen der Vereinten Nationen unvereinbare Androhung oder Anwendung von Gewalt.» Den Grundpfeiler des völkerrechtlichen Gewaltverbots bildet das ebenfalls in Artikel 2 niedergelegte Prinzip der souveränen Gleichheit der Staaten. Aus ihm folgt ein Verbot, «in Angelegenheiten, die ihrem Wesen nach zur inneren Zuständigkeit eines Staates gehören», einzugreifen. Kein Staat darf nach eigenem Ermessen die territoriale Integrität eines anderen Staates gewaltsam verletzen. Tut er dies trotzdem, wird nach der Logik kollektiver Sicherheit ein solcher Angriff von allen anderen als gegen sie selbst gerichtet angesehen und alle werden in die Pflicht genommen, die Vereinten Nationen bei der Durchführung der allein vom Sicherheitsrat zu beschließenden Gegenmaßnahmen zu unterstützen.

Kapitel VI der Charta (Artikel 33 bis 38) sieht zur Beilegung von Streitigkeiten zwischen Staaten zunächst einen Katalog friedlicher Mittel vor. Wenn diese von den Konfliktparteien nicht in Anspruch genommen werden oder nicht zum Erfolg führen, autorisiert Kapitel VII (Artikel 39 bis 51) den Sicherheitsrat, eine Bedrohung oder einen Bruch des Friedens oder eine Angriffshandlung festzustellen (Artikel 39), die beteiligten Parteien ultimativ aufzufordern, davon abzulassen (Artikel 40) und, wenn sie dieser Aufforderung nicht nachkommen, nichtmilitärische (Artikel 39 und 41) und militärische (Artikel 42) Zwangsmaßnahmen gegen sie zu verhängen. Zu den nichtmilitärischen Sanktionsmitteln können Beschränkungen zählen, die von einem Waffenembargo bis zum vollständigen Außenhandelsverbot reichen, darüber hinaus auch Verkehrs- und Reisebeschränkungen sowie Finanzsanktionen. Für die Durchführung militärischer Zwangsmaßnahmen ist in Artikel 47 die Bereitstellung von multilateralen UNO-Streitkräften unter dem Oberkommando eines aus den Generalstabschefs der ständigen Mitglieder des Sicherheitsrats bestehenden Generalstabsausschusses vorgesehen. Die Sonderabkommen, mit denen sich Mitgliedstaaten verpflichten sollten, Truppenkontingente für eine solche Einsatztruppe zur Verfügung zu stellen, wurden jedoch nie geschlossen. Stattdessen hat der Sicherheitsrat in den wenigen Fällen, in denen er sich bisher überhaupt zu militärischen Zwangsmaßnahmen entschließen konnte, Staaten oder Staatenkoalitionen mit deren Durchführung beauftragt.

Die Möglichkeit, gegen einen Staat, der den Weltfrieden und die internationale Sicherheit bedroht, Sanktionen zu verhängen, stellt deswegen ein bemerkenswertes Eingriffsrecht des Sicherheitsrats dar, weil damit ein anderes Grundprinzip der Charta eigentlich verletzt wird: der Schutz der territorialen Unversehrtheit eines Staates gegenüber äußeren Eingriffen (Artikel 2). Der mit Kapitel VII der Charta erlaubte Einsatz von Gewalt ausschließlich «im gemeinsamen Interesse» ist jedoch nicht als eine Ausnahme vom Gewaltverbot zu verstehen, sondern soll zu dessen wirksamer Untermauerung dienen. Anders verhält es sich mit dem in Artikel 51 allerdings recht widersprüchlich formulierten Selbstverteidigungsrecht jedes Mitgliedstaates, das eine echte Ausnahme darstellt. Es gesteht jedem Staat «im Falle eines bewaffneten Angriffs» das «naturgegebene Recht zur individuellen oder kollektiven Selbstverteidigung» zu, «bis der Sicherheitsrat die zur Wahrung des Weltfriedens und der internationalen Sicherheit erforderlichen Maßnahmen getroffen hat». In diesem Nachsatz sowie in der Anzeigepflicht von Maßnahmen, die in Ausübung des Selbstverteidigungsrechts getroffen werden, gegenüber dem Sicherheitsrat kommt der untergeordnete Charakter dieses Rechts im Rahmen des kollektiven Sicherheitssystems zum Ausdruck. Zugleich, und darin besteht der Widerspruch, wird damit aber auch die Aussage, es handele sich bei der Selbstverteidigung um ein Naturrecht, eigentlich wieder dementiert. Die legitime Inanspruchnahme eines naturgegebenen Rechts kann eigentlich nicht konditional und auf die Zeitspanne befristet sein, bis der Sicherheitsrat selbst in einen Konflikt eingreift.

2. Strukturen und Finanzierung des UN-Systems

Den Kern des UN-Systems bilden die «eigentlichen» Vereinten Nationen («die UNO») mit ihren sechs *Hauptorganen* und deren zahlreichen *Nebenorganen*. Die UNO unterhält neben ihrem Hauptsitz in New York weitere Sitze in Genf, Wien und Nairobi. Die Hauptorgane der UNO setzen sich aus der Generalversammlung, dem Sicherheitsrat, dem Wirtschafts- und Sozialrat (ECOSOC), dem Treuhandrat, dem Internationalen Gerichtshof und dem Sekretariat, an dessen Spitze der Generalsekretär steht, zusammen. Bei den Nebenorganen handelt es sich zumeist um Fonds, Programme und Kommissionen, die dem Wirtschafts- und Sozialrat zugeordnet sind. Dazu zählen etwa der Hohe

Kommissar der Vereinten Nationen für Flüchtlinge (UNHCR), die Konferenz für Handel und Entwicklung (UNCTAD) sowie zahlreiche Entwicklungsfonds, die zur Finanzierung von Hilfsprojekten eingerichtet wurden, darunter etwa das Kinderhilfswerk (UNICEF), das Welternährungsprogramm (WFP), das Umweltprogramm der Vereinten Nationen (UNEP), der Bevölkerungsfonds (UNFPA) oder das Entwicklungsprogramm der Vereinten Nationen (UNDP).

Die *Generalversammlung* hat als das einzige Plenarorgan der Vereinten Nationen eine umfassende Zuständigkeit. Sie «kann alle Fragen und Angelegenheiten erörtern, die in den Rahmen dieser Charta fallen oder Befugnisse eines in dieser Charta vorgesehenen Organs betreffen» (Artikel 10). In ihr sind alle Mitgliedstaaten mit gleichem Stimmrecht vertreten. Im Unterschied zum Sicherheitsrat kann die Generalversammlung – mit Ausnahme von Haushaltsfragen – aber keine bindenden Beschlüsse fassen, sondern lediglich Resolutionen verabschieden, die einen empfehlenden Charakter haben. Die Bedeutung der Generalversammlung erstreckt sich vor allem auf wirtschaftliche und soziale Angelegenheiten, während die Friedenssicherung primär im Zuständigkeitsbereich des Sicherheitsrats liegt. Die Generalversammlung wird auch gern als das «Parlament» der Vereinten Nationen bezeichnet. Obwohl dort im Unterschied zum Sicherheitsrat der Gleichheitsgrundsatz «Ein Land – eine Stimme» herrscht, wird die Generalversammlung dem Anspruch an eine gleichberechtigte demokratische Repräsentation der Völker kaum gerecht: Zum einen führt dieser auf die souveräne Gleichheit der *Staaten* gestützte Grundsatz zu drastischen Verzerrungen, weil einem Staat mit über einer Milliarde Einwohnern das gleiche formale Gewicht eingeräumt wird wie einem Mitgliedstaat, dessen Bevölkerungszahl gerade mal ein paar Tausend Einwohner beträgt. Zum anderen ist die Vorstellung, die in der Generalversammlung vertretenen Regierungen würden die Interessen der Mehrheit ihrer Bevölkerungen repräsentieren, angesichts der überwiegenden Zahl der Nichtdemokratien als eine Fiktion zu betrachten. Folgt man den Angaben von *Freedom House*, einer Organisation, die seit 1972 Ranglisten über die Verbreitung von Freiheitsrechten in den Staaten erstellt, so handelte es sich im Jahr 2003 bei weniger als der Hälfte der Mitgliedstaaten der Vereinten Nationen (bei freundlicher Auslegung nämlich allenfalls bei 88) um freiheitliche Demokratien im westlich liberalen Verständnis. Ein Demokratiedefizit kann schließlich noch an der Exekutivlastigkeit festgemacht werden – ein Vorwurf, der mit Ausnahme der Internationalen Arbeitsorganisation (ILO), die sich zu gleichen Teilen aus Vertretern von Regierungen, Arbeitnehmer- und Arbeitgeberorganisationen zusammensetzt, allerdings auf alle Organisationen des UN-Systems zutrifft. In der Tat verfügt die UNO mit der Generalversammlung zwar über eine Art «Länderkammer», in der die Exekutiven der Mitgliedsländer durch weisungsgebundene Regierungsvertreter repräsentiert sind, es fehlt ihr aber an einer dem Bundestag vergleichbaren parlamentarischen Einrichtung, in der die Völker selbst unmittelbar vertreten sind.

Dem *Sicherheitsrat* gehören fünfzehn Staaten an, von denen fünf ständige Mitglieder sind (China, Frankreich, Großbritannien, Russland und die USA) und über ein Vetorecht verfügen. Die übrigen zehn werden für jeweils zwei Jahre von der Generalversammlung nach dem Kriterium der regionalen Ausgewogenheit gewählt. Die für einen Sicherheitsratsbeschluss erforderliche Mehrheit beträgt neun Stimmen «einschließlich sämtlicher ständigen Mitglieder» – so die Formulierung des Vetorechts in Artikel 27 der Charta. Der Sicherheitsrat kann als einziges Organ der Vereinten Nationen für alle Mitgliedstaaten rechtsverbindliche Beschlüsse fassen.

Das Bild eines Gremiums, in dem Konfrontation und gegenseitige Bloßstellungen vorherrschen, entspricht seit dem Ende des Kalten Kriegs immer weniger der Realität. Aufgrund des stets drohenden Vetos eines der ständigen Mitglieder wandelt der Sicherheitsrat permanent auf dem Grat zwischen einem Abstimmungsgremium und einem Verhandlungsgremium. Auch sein Zuständigkeitsspektrum hat sich erheblich ausgeweitet. Vor allem in Reaktion auf die neuen Herausforderungen wie den Zerfall von Staaten, humanitäre Katastrophen oder den grenzüberschreitenden Terrorismus hat der Sicherheitsrat in zum Teil atemberaubender Weise neue Instrumente geschaffen und Kompetenzen an sich gezogen. So war es der Sicherheitsrat, der 1993 das Haager Jugoslawien-Tribunal zur Ahndung der in Bosnien-Herzegowina verübten Verbrechen gegen die Menschlichkeit und 1994 das Ruanda-Tribunal zur Ahndung der Bürgerkriegsverbrechen als Nebenorgane ins Leben rief.

Ebenfalls per Sicherheitsratsbeschluss wurde die völkerrechtliche Norm einer *internationalen* Verpflichtung zur Strafverfolgung etabliert und damit ein neues Kapitel in der Entwicklung des Völkerrechts aufgeschlagen, das sich gravierend von der gängigen Praxis unterscheidet: Üblicherweise handeln Regierungen internationale Übereinkommen miteinander aus, denen sie dann freiwillig beitreten können und die auch erst nach erfolgter Ratifikation Rechtsverbindlichkeit erlangen. Ein weiteres Beispiel für die sehr offensive Auslegung des geltenden Völkerrechts, wenn nicht gar für die Wahrnehmung einer quasilegislativen Funktion durch den Sicherheitsrat, sind seine Bemühungen um eine provisorische Schließung der Effektivitätslücken bei den bestehenden internationalen Vereinbarungen über die Nichtverbreitung von Massenvernichtungswaffen. Diese greifen weder gegenüber Staaten, die kooperationsunwillig sind, noch gegenüber privaten Akteuren, die keine Rechtsfähigkeit besitzen und auf die zwischenstaatliche Übereinkommen deshalb gar nicht gemünzt sein können. Der Sicherheitsrat hat in den neunziger Jahren den Fall des Irak zum Anlass für die grundsätzliche Feststellung genommen, dass Massenvernichtungswaffen in Händen bestimmter Akteure eine Bedrohung der internationalen Sicherheit darstellen. Damit kann ein Staat im Prinzip auch dann zum Adressaten von Zwangsmaßnahmen gemacht werden, wenn er nicht Mitglied des nuklearen Nichtverbreitungsvertrags (NVV) ist.

Auch die Subsumierung grenzüberschreitender terroristischer Anschläge unter die Formel «Bedrohung des Weltfriedens und der internationalen Sicherheit», wie sie der Sicherheitsrat in Resolution 1373 vom 28. September 2001 vorgenommen hat, lässt sich als eine autonome Ausweitung der eigenen Befugnisse charakterisieren.

Das *Sekretariat* der Vereinten Nationen beschäftigt ungefähr 7500 internationale Bedienstete, die aus regulären Haushaltsmitteln der Vereinten Nationen bezahlt werden, sowie noch einmal die gleiche Zahl von aus Sondermitteln finanziertem Personal. Zusammen ergibt das rund ein Viertel der insgesamt 61 000 weltweit im gesamten UN-System Beschäftigten. Das UNO-Sekretariat nimmt Aufgaben wahr, die der Vorbereitung und Durchführung der Beschlüsse anderer UNO-Organe dienen. Es organisiert Friedensmissionen, bereitet internationale Konferenzen und Verhandlungen vor und gibt Studien heraus. Es umfasst neben dem Büro des Generalsekretärs zahlreiche weitere Dienststellen, die programmatische und koordinierende Aufgaben in so unterschiedlichen Bereichen wie Abrüstung (*Department of Disarmament Affairs*, DDA), Friedensmissionen (*Department of Peacekeeping Operations*, DPKO), humanitären Angelegenheiten (*Office for the Coordination of Humanitarian Affairs*, OCHA), Drogenhandel und organisiertes Verbrechen (*Office on Drugs and Crime*, UNODC) wahrnehmen.

An der Spitze des Sekretariats steht der *Generalsekretär* der Vereinten Nationen als höchster Verwaltungsbeamter der Organisation. Er muss in geheimer Abstimmung im Sicherheitsrat von allen ständigen Mitgliedern gewählt werden, um in sein Amt zu gelangen. Er wird auf Empfehlung des Sicherheitsrats von der Generalversammlung für eine fünfjährige Amtszeit ernannt. Neben seinen administrativen Kompetenzen – wie der Ernennung des Personals oder der Aufstellung des Haushalts – als höchster Verwaltungsbeamter der Organisation verfügt er über einen beträchtlichen politischen Gestaltungsspielraum.

Der Generalsekretär kann in der Praxis seiner Amtsführung weit mehr sein als ein neutraler oberster «Sekretär». Gemäß Artikel 98 hat er zwar alle ihm von den Hauptorganen der Vereinten Nationen zugewiesenen Aufgaben zu übernehmen, eine eigenständige *Akteursqualität* verleiht ihm aber Artikel 99, in dem es heißt: «Der Generalsekretär kann die Aufmerksamkeit des Sicherheitsrates auf jede Angelegenheit lenken, die nach seinem Dafürhalten geeignet ist, die Wahrung des Weltfriedens und der internationalen Sicherheit zu gefährden.» Mit dieser Blankovollmacht ausgestattet, kann der Generalsekretär frühzeitig mit Konfliktparteien Kontakt aufnehmen und seine «guten Dienste» anbieten. Er kann darüber hinaus eigene Nachforschungen anstellen, indem er Missionen zur Tatsachenermittlung *(fact-finding missions)* im Vorfeld einer Befassung des Sicherheitsrats zur Klärung von Sachverhalten durchführt. Ein mit einer entsprechenden persönlichen Autorität ausgestatteter Generalsekretär kann damit durch eigene Initiativen viel in Bewegung setzen – oder eben auch nicht. Letzten Endes hängt es vom Amtsverständnis und dem Geschick des jeweiligen Amtsinhabers ab, wie gut es ihm unter den konkreten politischen Umständen gelingt, unabhängig und im Geist der Charta erfolgreich zu agieren, ohne sich damit zugleich den Unmut der Staaten zuzuziehen.

Der *Internationale Gerichtshof* (IGH) in Den Haag wurde 1945 als ein weiteres der sechs Hauptorgane der Vereinten Nationen gegründet. Er setzt sich aus 15 Richtern zusammen, die von Generalversammlung und Sicherheitsrat für eine Amtszeit von neun Jahren gewählt werden. Er verfügt über ein eigenes Statut, dem sich alle Staaten mit ihrer UNO-Mitgliedschaft automatisch anschließen. Der IGH nimmt im Institutionengefüge der Vereinten Nationen zwar den Platz der Judikative ein. Um einen der innerstaatlichen Gerichtsbarkeit vergleichbaren Status zu haben, müsste er aber im Rahmen der Streitbeilegung eigentlich *über* den parteifähigen Akteuren, in diesem Fall den Staaten, angesiedelt sein. Um dem daraus resultierenden Spannungsverhältnis zu der in der Charta garantierten staatlichen Souveränität zu entgehen, ist ein Staat der Zuständigkeit des IGH nicht automatisch unterworfen, sondern er entschließt sich freiwillig dazu. Das kann er entweder dadurch tun, dass er ihn von Fall zu Fall anruft, oder in Form einer allgemeinen Erklärung, mit der er gemäß der Fakultativklausel in Artikel 36 des IGH-Statuts die obligatorische Gerichtsbarkeit des Internationalen Gerichtshofs für sich anerkennt.

Urteile des IGH sind unter diesen Voraussetzungen zwar rechtsverbindlich, ihre Befolgung kann jedoch nicht von einem Staat gegen einen anderen erzwungen werden, sondern nur nach Anrufung des Sicherheitsrats durch von diesem gegebenenfalls zu beschließende Maßnahmen. Damit können sich allerdings die ständigen Mitglieder des Sicherheitsrats durch das Einlegen ihres Vetos jederzeit selbst der Bindungswirkung des vom IGH gesprochenen Rechts entziehen. Die zwangsweise Durchsetzung eines Urteils gegen ein ständiges Mitglied ist also in der Praxis unmöglich – ein weiterer Beleg für die Sonderstellung, die die UNO-Charta diesen Staaten als Zugeständnis an die realen Machtverhältnisse innerhalb des Staatensystems einräumt.

Viele Staaten haben ihre Zustimmungserklärung mit Vorbehalten hinsichtlich einer sachlichen Beschränkung oder zeitlichen Befristung verbunden – wie etwa die USA im Jahr 1985 für Fragen, die ihre Sicherheitsbelange berühren – oder sie sogar völlig widerrufen, wie etwa Frankreich nach einer Klage Australiens und Neuseelands gegen seine Atomwaffenversuche im Mururoa-Atoll. In einer 1984 eingereichten Klage hatte Nicaragua den USA vorgeworfen, mit der Verlegung von Minen in nicaraguanischen Küstengewässern den Sturz der Regierung zu betreiben. Nach der Zulassung dieser Klage erklärten die USA im Oktober 1985 schließlich, bindende Entscheidungen des Gerichtshofs nicht mehr anzuerkennen. Damit blieb auch das im Juni 1986 verkündete Urteil, in dem Nicaragua ein Recht auf Wiedergutmachung eingeräumt wurde, zumindest materiell folgenlos. Daraus sollte allerdings nicht vorschnell auf eine generelle Bedeutungslosigkeit des IGH geschlossen werden. So konnten die USA zwar einen Sicherheitsratsbeschluss zur Befolgung des gegen sie ergangenen Urteils verhindern und Frankreich eine Verfügung zur Unterlassung von Atomversuchen einfach ignorieren, dennoch haftete in beiden Fällen der unterlegenen Streitpartei in den Augen der Weltöffentlichkeit der Makel des Völkerrechtsbruchs an.

Mit seinen gutachterlichen Stellungnahmen, die verschiedene Organe der Vereinten Nationen beim IGH einholen können, hat der Gerichtshof zur Weiterentwicklung des Völkerrechts beigetragen, sei es durch die Präzisierung des völkerrechtlichen Gewohnheitsrechts und allgemeiner Rechtsgrundsätze oder durch die Anwendung und Auslegung der seiner Rechtsprechung und seinen Empfehlungen zugrunde liegenden internationalen Verträge. Sehr viel mehr darf vom IGH allerdings auch nicht erwartet werden. Er stellt keinen Vorgriff auf eine zukünftige Weltregierung dar. Vielmehr spiegelt sich auch im IGH die horizontale Architektur des Staatensystems wider.

Neben dem *Treuhandrat*, der seit der Überführung des letzten Treuhandgebiets der Vereinten Nationen im Jahr 1994 allerdings nicht mehr zusammengetreten ist, ist als ein weiteres der sechs Hauptorgane der Vereinten Nationen noch der ungleich wichtigere *Wirtschafts- und Sozialrat* (ECOSOC) zu nennen. Ihm gehören 54 Staaten an, die für drei Jahre von der Generalversammlung nach einem geographischen Verteilungsschlüssel gewählt werden. Seine Zuständigkeiten umfassen die in Kapitel IX der Charta beschriebene internationale Zusammenarbeit auf wirtschaftlichem und sozialem Gebiet, «um jenen Zustand der Stabilität und Wohlfahrt herbeizuführen, der erforderlich ist, damit zwischen den Nationen friedliche und freundschaftliche, auf der Achtung vor dem Grundsatz der Gleichberechtigung und Selbstbestimmung der Völker beruhende Beziehungen herrschen» (Artikel 55). Dazu zählen die Zusammenarbeit auf den Gebieten Gesundheit, Kultur und Erziehung und die Verwirklichung der Menschenrechte. Der ECOSOC verfügt über zahlreiche Fachkommissionen, darunter die UNO-Menschenrechtskommission, die Frauenrechtskommission und die Bevölkerungskommission; er koordiniert die Zusammenarbeit der UNO mit den Sonderorganisationen.

Eine ganz besondere Bedeutung kommt dem ECOSOC dadurch zu, dass er das einzige «Einfallstor» für Nichtregierungsorganisationen (NRO) in die intergouvernementale Welt der UNO darstellt. Von formellen Beteiligungsrechten nichtstaatlicher Akteure ist in der Charta nämlich nur an einer einzigen Stelle (Artikel 71) die Rede. Darin wird dem Wirtschafts- und Sozialrat die Möglichkeit eröffnet, «geeignete Abmachungen zwecks Konsultationen mit nichtstaatlichen Organisationen (zu) treffen, die sich mit Angelegenheiten seiner Zuständigkeit befassen». Auf dieser Grundlage konnten bis heute weit über 2400 NRO vom Rat für Nichtregierungsorganisationen des ECOSOC einen Konsultativstatus erhalten. Er kann auf drei Stufen erlangt werden, die mit unterschiedlichen Beteiligungsrechten verbunden sind. Gemäß der ECOSOC-Resolution 1996/31 vom 25. Juli 1996 ist der *allgemeine* Konsultativstatus solchen NRO vorbehalten, die den ECOSOC in einem breiten Spektrum seiner Tätigkeiten unterstützen können. Sie dürfen nicht nur an Sitzungen teilnehmen, sondern haben ein Vorschlagsrecht für Tagesordnungspunkte und können sowohl schriftliche als auch mündliche Stellungnahmen abgeben. Diese Gruppe umfasst etwas mehr als 130 NRO. Organisationen mit einem *besonderen* Konsultativstatus bilden mit über 1370 die größte Gruppe. Sie verfügen über ein engeres Kompetenzspektrum und haben bereits weniger Rechte. Weitere 900 NRO werden in einer *dritten Kategorie* aufgelistet. Sie dürfen nur an Treffen teilnehmen, die in ihren engen Arbeitsbereich fallen. Die Mitgliedschaft in keiner der drei Gruppen schließt allerdings ein Stimmrecht ein.

Neben den Haupt- und Nebenorganen gehören 16 *Sonderorganisationen* zum UN-System. Ihr Aufgabenspektrum reicht im jeweiligen Fachgebiet von der Programmentwicklung über Forschung und Dokumentation bis zur Norm- und Standardsetzung. Im letztgenannten Bereich ist vor allem die Internationale Arbeitsorganisation (ILO) hervorzuheben, in deren Rahmen zahlreiche internationale Übereinkommen über Kernarbeitsnormen erarbeitet wurden, darunter das Verbot der Kinderarbeit. Mit wirtschaftlichen, sozialen, gesundheitlichen und verwandten Themen beschäftigen sich etwa die Welternährungsorganisation (FAO), die Weltgesundheitsorganisation (WHO), die Organisation für Industrielle Entwicklung (UNIDO) oder die Organisation für Erziehung, Wissenschaft und Kultur (UNESCO). Andere, wie die Weltorganisation für Geistiges Eigentum (WIPO) oder die Internationale Fernmeldeunion (ITU) weisen eine stärker technische Ausrichtung auf. Bei den Sonderorganisationen handelt es sich um jeweils fachlich autonome, mit eigenen Haushalten ausgestattete zwischenstaatliche Organisationen, die vertraglich an die UNO angekoppelt sind.

Über eine besonders große Unabhängigkeit verfügen der Internationale Währungsfonds und die Institutionen der Weltbankgruppe, die formal ebenfalls als Sonderorganisationen zum UN-System zählen. Sie unterscheiden sich von den anderen durch Entscheidungsstrukturen, die sich an den finanziellen Einlagen der Mitgliedstaaten orientieren. Bei der Internationalen Atomenergie-Organisation (IAEO) handelt es sich schließlich um eine weitere unabhängige zwischenstaatliche Organisation unter dem Dach der Vereinten Nationen, die aber formal nicht als Sonderorganisation gilt. Neben der Aufgabe, die zivile Nutzung der Kernenergie zu fördern, nimmt sie vor allem die Funktion des Kontrollorgans im Rahmen des NVV wahr und führt dabei jährlich etwa 2500 Inspektionen durch, über die sie dem Sicherheitsrat und der Generalversammlung Bericht erstattet. In einem ähnlichen vertraglichen Kooperationsverhältnis zum UN-System steht auch der formal unabhängige Internationale Strafgerichtshof (IStGH). Die 1995 gegründete Welthandelsorganisation (WTO) gehört rechtlich nicht zum System der Vereinten Nationen, mit dem sie aber enge Kooperationsbeziehungen unterhält.

Die Finanznot der Vereinten Nationen ist so notorisch wie die der öffentlichen Kassen der Mitgliedstaaten. Dass die UNO einen Schuldenberg im Umfang eines regulären Doppelhaushaltes vor sich her trägt, hat mehrere Ursachen: Das Missverhältnis zwischen den Aufgaben, die der Organisation übertragen wurden, und den von den Mitgliedstaaten zu deren Erfüllung auch tatsächlich bereit gestellten Finanzmitteln hat zu einer wachsenden strukturellen Unterfinanzierung geführt. Hinzu kommt, dass große Beitragszahler wie die USA Teile ihrer Pflichtbeiträge immer wieder zurückhalten, um politischen Druck auszuüben. Weit weniger als die Hälfte der Mitgliedstaaten zahlt ihre Pflichtbeiträge pünktlich, d. h. vollständig bis Ende Januar für das laufende Jahr. Der Beitragssatz für den Hauptbeitragszahler USA wurde inzwischen von 25 % auf 22 % gesenkt, nicht zuletzt in der Hoffnung, damit die Zahlungsmoral zu erhöhen. Tatsächlich war der Anteil der ausstehenden bzw. zurückgehaltenen Pflichtbeiträge seit dem Ende der neunziger Jahre rückläufig. Er ist aber vor allem bei den besonders kostspieligen Friedensoperationen immer noch so hoch, dass deren Effektivität erheblich darunter leidet.

Grundsätzlich lassen sich drei Säulen der Finanzierung des Systems der Vereinten Nationen unterscheiden: Zum einen handelt es sich dabei um die Pflichtbeiträge der Mitgliedstaaten zu dem jeweils auf zwei Jahre angesetzten ordentlichen Haushalt der UNO. Dieser ordentliche Haushalt umfasste für das Biennium 2002/2003 rund 2,5 Milliarden Dollar. Aus ihm können die Personal-, Sach- und Infrastrukturkosten der Haupt- und Nebenorgane finanziert werden, nicht aber die Friedensoperationen oder die Arbeit der Sonderorganisationen. Die zweite Säule bilden Pflichtbeiträge zur Finanzierung besonderer Aufgaben, die nach einem ähnlichen Beitragsschlüssel berechnet werden wie die Pflichtbeiträge zum ordentlichen Haushalt. Mit den «besonderen Aufgaben» sind vor allem die Friedensoperationen gemeint, von denen die Vereinten Nationen seit 1948 insgesamt 59 durchgeführt haben, deren Gesamtkosten sich bis zum Juni 2004 auf über 31 Milliarden Dollar beliefen. Im Jahr 2004 waren allein 16 Friedensoperationen mit unterschiedlichen Aufgaben im Einsatz. Sie haben seit Beginn der neunziger Jahre meistens mehr Mittel in Anspruch genommen als der reguläre Haushalt selbst. Die internationalen Strafgerichtshöfe für Ruanda und das ehemalige Jugoslawien wurden jeweils zur Hälfte aus dem regulären Haushalt und dem Haushalt für friedenserhaltende Operationen bestritten.

Die dritte Säule besteht aus freiwilligen Beitragsleistungen an die Nebenorgane der Vereinten Nationen, die damit ihre Programme finanzieren. Die Sonderorganisationen verfügen über eigene ordentliche Haushalte, die über Pflichtbeiträge, und außerordentliche Haushalte, die über freiwillige Beiträge finanziert werden. Die alle drei Säulen einschließenden Gesamtausgaben des UN-Systems (allerdings ohne die Kredite der Weltbank, des IWF und des landwirtschaftlichen Entwicklungsfonds IFAD) liegen gegenwärtig bei rund 12 Milliarden Dollar jährlich, wovon es sich bei mehr als der Hälfte um freiwillige Beiträge handelt.

Die Haushaltskompetenzen für die Vereinten Nationen liegen bei der Generalversammlung, deren Beitragsausschuss auch für jeweils drei Jahre den Beitragsschlüssel festsetzt, nach dem die

Mitgliedstaaten gemäß ihrer jeweiligen Wirtschaftskraft und Zahlungsfähigkeit die Ausgaben der Organisation zu tragen haben. Für die Jahre 2004 bis 2006 variieren die Beitragsquoten der 191 Mitgliedstaaten zwischen 22% (oder rund 600 Millionen Dollar im Rahmen eines regulären Zweijahresbudgets) im Fall des Hauptbeitragszahlers USA und einem Minimalbeitrag von 0,001%, den 48 Entwicklungsländer zahlen. Die zehn führenden Beitragszahler kommen für über drei Viertel des gesamten regulären Haushalts auf. Nach den USA rangieren mit Japan (rund 19,5%), Deutschland (8,7%), Großbritannien (6,1%), Frankreich (6,0%) und Italien (4,9%) weitere Industriestaaten an der Spitze der Beitragszahler. Aus der Gruppe der Entwicklungsländer ragen lediglich China (2,0%), Mexiko (1,9%), Südkorea (1,8%) und Brasilien (1,5%) in die Spitzengruppe.

Einem vom UNO-Sekretariat gern verwendeten Vergleich zufolge könnte mit den rund 800 Milliarden Dollar, die weltweit jährlich für Rüstung ausgegeben werden, die Arbeit des gesamten UN-Systems über 65 Jahre finanziert werden. Allein der Militäreinsatz zur Befreiung Kuwaits verschlang an einem einzigen Tag etwa die Summe, die dem regulären Haushalt der Vereinten Nationen pro Jahr zur Verfügung steht. Es handelt sich also nur um einen recht begrenzten finanziellen Spielraum, den die Mitgliedstaaten der UNO gewähren. Anläufe, die Finanzierung der UNO etwa durch die Besteuerung bestimmter internationaler Transaktionen, zum Beispiel des Waffenhandels, zu automatisieren, sind bisher stets am Widerstand derjenigen Mitgliedstaaten gescheitert, die die finanzielle Abhängigkeit der Organisation von den staatlichen Finanzflüssen als politisches Kontrollinstrument nicht aus der Hand geben möchten. Die außerhalb der UNO bestehende Macht- und Einflusshierarchie wird auch auf diese Weise in das UN-System hineingetragen.

Ihre Finanzierungsquellen weisen die Vereinten Nationen als eine Veranstaltung der Staatenwelt aus. Aber in welchem Verhältnis stehen sie zu den Regierungen der Mitgliedstaaten? Verkörpern nicht wenigstens der Generalsekretär und sein Apparat auch eine gewisse Eigenständigkeit, «über» den staatlichen Regierungen stehend? Einer in der Politikwissenschaft verbreiteten

Unterscheidung folgend, lassen sich drei idealtypische Rollenbeschreibungen der Vereinten Nationen auseinander halten: erstens die Vorstellung von der UNO als einer Weltregierung im Werden, an die die Staaten über kurz oder lang ihre Souveränität abtreten werden; zweitens die Beschreibung der UNO als ein neutrales internationales Verhandlungssystem, das den Regierungen zur Verfügung steht, um grenzüberschreitende Probleme gemeinsam effektiver bearbeiten zu können; und drittens die Betrachtung der UNO als ein machtpolitisches Instrument, mit dem Staaten Herrschaft über andere Staaten auszuüben versuchen.

Die Vereinten Nationen an dem *zuerst* genannten Idealtyp einer Weltregierung im Werden zu messen, geht in der Regel mit der Vorstellung einher, Frieden könne auch in den internationalen Beziehungen nur durch eine quasi staatliche Herrschaftsordnung dauerhaft gewährleistet werden. Dazu bedürfe es einer Übertragung des Gewaltmonopols auf einen über den Staaten stehenden «Welt-Leviathan», der allein autorisiert und in der Lage sein soll, Gewalt einzusetzen, um den Frieden zu erhalten. Auch wenn einem dabei schnell der Sicherheitsrat als eine Art «kollektiver Leviathan-Ersatz» in den Sinn kommt, wäre es sicher irreführend, bereits von einem «Gewaltmonopol der UNO» zu sprechen oder gar von einer bevorstehenden Entwaffnung der Staaten durch die Vereinten Nationen.

Dem *zweiten* Idealtyp folgend werden die Vereinten Nationen nicht in den Horizont eines Weltstaates gerückt, sondern gerade als ein Ort des Regierens *ohne* eine übergeordnete Regierung verstanden. Aus dieser *governance*-Perspektive wird das UN-System als ein institutionalisiertes Geflecht von Verhandlungsforen betrachtet. Darin werden die Staaten nicht «von oben» regiert, sondern sie regieren sich auf dem Wege der freiwilligen Selbstbindung an gemeinsam ausgehandelte Normen und Regeln untereinander selbst.

Der *dritten* Auffassung zufolge stehen die Vereinten Nationen weder als Weltregierung über den Staaten noch als Verhandlungssystem zur Verfügung der Staaten. Sie können aus dieser *realpolitischen* Sicht die staatliche Machtpolitik überhaupt nicht wirksam einschränken, da sie selbst nur ein Spiegelbild der weltpolitischen Kräfteverhältnisse sind. Je eher sie bereit sind, sich in den Dienst des Status quo und der jeweils Mächtigen zu stellen, desto größer würde folglich ihre «Bedeutung» sein. Je weniger sie dazu bereit sind, desto eher müssen sie in das weltpolitische Abseits geraten.

Die Gegenüberstellung dieser Betrachtungsweisen lässt erahnen, warum die Vereinten Nationen so unterschiedliche Bewertungen erfahren. Welche Auffassung den Wesenskern der UNO am besten trifft, ist leider nicht eindeutig zu beantworten. Dafür bietet das UN-System ein zu uneinheitliches Bild, das mit der zunehmenden Öffnung gegenüber nichtstaatlichen Akteuren noch bunter geworden ist. Angesichts der institutionellen Vielfalt und der Breite der Aufgabenfelder kann aber jedes der Deutungsangebote für bestimmte Bereiche Verständnishilfen liefern, ohne allerdings allein ein vollständiges und widerspruchsfreies Gesamtbild zu vermitteln. Gleichwohl lassen sich die Organisationen des UN-Systems wohl noch am besten als eine Inselgruppe der Zivilisation in einem Meer von Anarchie beschreiben. Deren Existenz überwindet den regellosen Naturzustand zwischen den Staaten zwar nicht grundsätzlich, aber sie leistet einen wichtigen Beitrag dazu, dass immer mehr Spielregeln eingeführt werden, die auch die Logik der Machtpolitik auf längere Sicht verändern.

III. Sechzig Jahre UNO

Die Geschichte der Vereinten Nationen soll im Folgenden als eine Aufeinanderfolge von krisenhaften Zuspitzungen und von immer neuen Strategien der Krisenbewältigung beschrieben werden. Dabei waren die Amtsperioden der bisherigen sieben Generalsekretäre von jeweils ganz bestimmten Akzentsetzungen geprägt, bei denen die Handschrift der jeweiligen Amtsinhaber manchmal deutlich, manchmal weniger deutlich erkennbar gewesen sein mag. Zumeist war sie jedoch markant genug, um zu verhindern, dass die UNO zu einem Spielball der sie umgebenden weltpolitischen Kräftefelder degradiert wurde.

1. Die Vereinten Nationen und der Kalte Krieg

Die erste fundamentale Krise der gerade erst gegründeten Organisation resultierte daraus, dass der Beginn des Kalten Krieges der Gründungsidee der Vereinten Nationen schon bald den Boden entzog. Für die in Kapitel VII der Charta vorgesehenen «Maßnahmen bei Bedrohung oder Bruch des Friedens und bei Angriffshandlungen» fehlte mit der veränderten Interessenlage der Siegermächte des Zweiten Weltkriegs der erforderliche Konsens zwischen den ständigen Mitgliedern des Sicherheitsrats. Während der bis zum Ende der achtziger Jahre andauernden Blockkonfrontation zwischen Ost und West verhinderte das Instrument des Vetorechts jegliche Beschlüsse, die das weltpolitische Interesse eines der beiden Lager in seinem Kern berührten. Zwar wurde 1950 vom Sicherheitsrat die Entsendung von Streitkräften nach Korea beschlossen. Dies war jedoch nur möglich, weil die Sowjetunion vorübergehend nicht mehr an den Sitzungen teilgenommen hatte, um auf diese Weise dagegen zu protestieren, dass China zu dieser Zeit durch Taiwan und noch nicht durch die Volksrepublik in den Vereinten Nationen repräsentiert war. Die Großmächte blockierten sich nicht nur gegenseitig im Sicherheitsrat, sondern betrieben fortan ihre Sicherheitspolitik primär außerhalb der UNO. Nur drei Jahre nach deren Gründung riefen die Westmächte mit der NATO eine Allianz ins Leben, mit der sie wieder in die überwunden geglaubte Logik des Machtgleichgewichts zwischen gegeneinander gerichteten Militärbündnissen zurückfielen. Der Ostblock zog mit dem Warschauer Pakt unmittelbar nach.

Bis zum Beginn des Ost-West-Konflikts 1947/48 waren die Anfangsjahre der Vereinten Nationen unter ihrem ersten Generalsekretär, dem Norweger *Trygve Lie* (Amtszeit 1946–1952), zunächst von der Aufgabe geprägt, eine funktionsfähige Organisation aufzubauen. Mit der Wahl von Lie verkalkulierten sich all diejenigen, für die das Auswahlkriterium die vermutete «Schwäche» dieses Kandidaten gewesen war. Lie enttäuschte insbesondere die Erwartung der Großmächte, sich durch einen vermeintlich schwachen Generalsekretär nicht die Kontrolle aus den Händen nehmen zu lassen, und entwickelte ein sehr eigenständiges Profil – was schließlich dazu führte, dass er sein Amt vor Ablauf der zweiten Amtszeit vorzeitig aufgeben musste.

Lie setzte sich aufgrund seiner offensiv politischen Amtsauffassung und seines eigenmächtigen Handelns immer wieder dem Vorwurf aus, seine Neutralitätspflicht zu verletzen. Grenzen wurden ihm zum ersten Mal deutlich aufgezeigt, als seine vertraulichen diplomatischen Aktivitäten während der Berlin-Krise 1948 scheiterten und an die Öffentlichkeit kam, dass er hinter dem Rücken des Sicherheitsrates agiert hatte, der sich mit diesem Konflikt aufgrund eines russischen Vetos nicht befassen konnte. Zu diesem Zeitpunkt waren die Vereinten Nationen bereits tief in die Hysterie des beginnenden Kalten Krieges hineingezogen und der Sicherheitsrat zu einem Forum ideologischer Schaukämpfe verkommen. Allein die Sowjetunion sollte bis zum Jahr 1989 in 115 Fällen durch ihr Veto Beschlüsse des Sicherheitsrats verhindern, die USA in 69, Großbritannien in 30, Frankreich in 18 und auch China in 3 Fällen. Die USA legten ihr erstes Veto allerdings erst 1970 ein, um von afrikanischen und asiatischen Staaten geforderte Sanktionen gegen Rhodesien zu verhindern. Dies weist sie eindeutig als die offensiven «Hausherren» in der UNO über viele Jahre hinweg aus, während derer sich die Sowjetunion und ihre wenigen Verbündeten eindeutig in der Defensive befanden.

Der Korea-Krieg ermöglicht einen guten Einblick in diese Konstellation. Auf den Überfall Nordkoreas auf den Süden des Landes am 25. Juni 1950 reagierte der Sicherheitsrat mit der Entsendung von Streitkräften und verhängte damit erstmals militärische Zwangsmaßnahmen unter der Flagge der Vereinten Nationen gegen den Willen eines betroffenen Staates. Als Beleg für die Funktionsfähigkeit des kollektiven Sicherheitssystems kann diese Entscheidung jedoch angesichts der besonderen Umstände, unter denen sie zustande kam, und der Tatsache, dass die daran nicht beteiligte Sowjetunion die Rechtmäßigkeit des UNO-Einsatzes danach stets bestritten hat, kaum gelten. Vielmehr handelte es sich um eine Instrumentalisierung der Vereinten Nationen für einen amerikanischen Feldzug gegen den Kommunismus, auch wenn sich die unter den Oberbefehl des amerikanischen Generals MacArthur gestellte Streitmacht aus Kontingenten von 15 Mitgliedstaaten zusammensetzte.

Für die UNO und ihren Generalsekretär hatte der Korea-Krieg mit der Rückkehr der Sowjetunion auf die Bühne schwerwiegende Folgen: Lie wurde als Marionette der USA beschimpft und der Sicherheitsrat wieder zu dem Blockadeinstrument gemacht, das er nur aufgrund einer Zufallskonstellation vorübergehend nicht gewesen war. Um die von ihm während der Abwesenheit der Sowjetunion beschlossenen Maßnahmen gegen Nordkorea aber auch nach deren Rückkehr und gegen deren Veto fortsetzen zu können, übertrug sich die Generalversammlung auf Betreiben der USA am 3. November 1950 selbst die Kompetenz, den Mitgliedstaaten zur Wiederherstellung von Frieden und Sicherheit kollektive Maßnahmen bis hin zum Einsatz militärischer Gewalt zu empfehlen. Dies für den Fall, dass der Sicherheitsrat es in einer Krisensituation aufgrund von Unstimmigkeiten «unterlässt, seiner Hauptverantwortlichkeit für die Aufrechterhaltung des Friedens und der internationalen Sicherheit nachzukommen». Die

«Vereint für den Frieden»-Resolution (*«Uniting for Peace»*), die Resolution 377, wurde mit 52 Stimmen und 5 Gegenstimmen bei 2 Enthaltungen verabschiedet.

Unter Rückgriff auf diese Resolution wurden nach dem Korea-Krieg bis zum Jahr 1997 in zehn Fällen Notstandssondertagungen der Generalversammlung einberufen. Dazu zählten die Suez-Krise 1956, der Ungarn-Aufstand 1956 und die Kongo-Krise 1960. Im Fall der Suez-Krise wurde die erste große *peacekeeping*-Operation auf dieser Grundlage durch die Generalversammlung und nicht durch den Sicherheitsrat beschlossen. War damit das Vetorecht nicht praktisch ausgehebelt und ein begrüßenswerter Eingriff in die ungleiche Kompetenzverteilung innerhalb der Vereinten Nationen vorgenommen worden? Ein genauerer Blick auf die historischen Hintergründe trübt das Bild allerdings. Im Wesentlichen stand das strategische Kalkül der USA Pate, den von ihr aufgrund des Vetorechts der anderen ständigen Mitglieder im Sinne erfolgreicher Beschlussfassungen nicht kontrollierbaren Sicherheitsrat zu umgehen. Mehrheitsbeschlüsse ließen sich in der damals amerikafreundlich zusammengesetzten und deshalb leichter zu kontrollierenden Generalversammlung sehr viel leichter herbeiführen. Die Proteste der Sowjetunion spiegeln diesen Hintergrund ebenso wider wie die Tatsache, dass das Interesse der USA an dem *«Uniting for Peace»*-Mechanismus bezeichnenderweise wieder erlosch, nachdem sich im Zuge der Entkolonialisierung die Mehrheitsverhältnisse in der Generalversammlung zu ihren Ungunsten verändert hatten.

In die Amtszeit von Lie fiel auch der Beschluss der Generalversammlung zur Teilung Palästinas. Dort kam es im Juni 1948 zur ersten Entsendung einer Beobachter-Mission (UNTSO), die den zwischen Israel und seinen arabischen Nachbarstaaten abgeschlossenen Waffenstillstand überwachen sollte. Diese und andere während der Amtszeit Lies in die Krisenregionen Balkan, Indonesien, Indien und Pakistan entsandten Missionen können als Vorläufer der «Blauhelme» betrachtet werden, als deren eigentlicher «Erfinder» Lies Nachfolger Dag Hammarskjöld zu Ruhm kam. Trygve Lie trat vom Amt des Generalsekretärs vorzeitig zurück. Er saß zwischen allen Stühlen, nachdem die Sowjetunion nicht mehr mit ihm kooperierte und die Kommunistenjagd im Amerika der McCarthy-Jahre auch das Hauptquartier der Vereinten Nationen erfasste und zur Inhaftierung von UNO-Mitarbeitern führte. Auch diese Umstände werfen ein Licht darauf, wie groß der amerikanische Einfluss auf die UNO in den ersten zehn Jahren ihres Bestehens war.

Es ist alles andere als selbstverständlich, dass die Blockade des Sicherheitsrats nicht zugleich auch das vorzeitige Ende der UNO als Weltfriedensorganisation bedeutete. Stattdessen führten die veränderten weltpolitischen Rahmenbedingungen auf dem Gebiet der Friedenssicherung neben der *«Uniting for Peace»*-Resolution zu einer weiteren wichtigen Neuerung. Diese war dem zweiten Generalsekretär, dem Schweden *Dag Hammarskjöld* (Amtszeit 1953 bis 1961), zu verdanken, der bis heute als Glücksfall betrachtet wird und an dessen Amtsführung sich alle seine Nachfolger messen lassen müssen. Hammarskjölds Erfolgsrezept bestand in einer sich in Graubereichen der Charta bewegenden Politik des *peace-keeping* durch die Entsendung von Friedenstruppen. Die Aufgaben dieser friedenserhaltenden Operationen gingen über reine Beobachter- und Meldefunktionen hinaus und waren darauf gerichtet, militärische Auseinandersetzungen zu beenden und den Konfliktparteien mit deren Zustimmung durch die Überwachung von Waffenstillstandsabkommen die Rückkehr an den Verhandlungstisch zu ermöglichen. Dieses klassische *peace-keeping* prägte die ersten Blauhelme-Einsätze. Dag Hammarskjöld gilt nicht nur als der Erfinder der Blauhelme. Er war auch darüber hinaus ein besonders erfindungsreicher Generalsekretär, wenn es darum ging, Lücken in der Charta der Vereinten Nationen zu nutzen, um die Handlungsblockaden zu überwinden, die aus der Lähmung des Sicherheitsrats resultierten. Mit diplomatischem Geschick, aber auch mit Eigenmächtigkeit füllte er die von ihm identifizierten Handlungsspielräume aus. In der Antrittsrede zum Beginn seiner zweiten Amtszeit brachte Hammarskjöld sein Amtsverständnis unverblümt in der Formulierung zum Ausdruck, dass der Generalsekretär auch ohne Weisungen zu handeln habe, «wann immer ihm dies nötig erscheint, um ein Vakuum aufzufüllen, das im Friedenssicherungssystem der UNO und der traditionellen Diplomatie auftreten mag».

2. Die Phase der Entkolonialisierung

Hammarskjölds Amtszeit war neben dem Kalten Krieg vor allem von der sprunghaften Ausweitung der Zahl der Mitgliedstaaten der Vereinten Nationen geprägt, die sich mit der Unabhängigkeit vieler früherer Kolonien bereits im Jahr 1960 auf 100 praktisch verdoppelt hatte. Damit war auch ein Ende der Vorherrschaft der USA zumindest in der Generalversammlung verbunden, in der sie nun nicht mehr auf automatische Mehrheiten bauen konnten. Darüber hinaus war der Entkolonialisierungsprozess von kriegerischen Konflikten begleitet, die häufig durch den Ost-West-Konflikt überlagert und als «Stellvertreterkriege» ausgetragen wurden. Hammarskjöld brachte sein Konzept der Friedensmissionen in zahlreichen dieser Konflikte zum Einsatz.

Das in der Charta der Vereinten Nationen nicht vorgesehene Instrument der *peace-keeping operations* wurde zum ersten Mal mit Erfolg zur Beilegung der Suez-Krise angewandt. Sie war am 26. Juli 1956 ausgebrochen, als Ägypten die Suez-Kanal-Gesellschaft verstaatlichte und Israel daraufhin in Absprache mit Frankreich und Großbritannien Ägypten angriff. Während es Israel selbst darum ging, den Gazastreifen und die Sinai-Halbinsel zu okkupieren, sollte es mit seinem Angriff zugleich den beiden Kolonialmächten einen Vorwand für eine militärische Intervention liefern. Deren eigentliches Ziel bestand nicht in der Beendigung der Kampfhandlungen, sondern in der Entmachtung des ägyptischen Staatspräsidenten Nasser und der Besetzung des Suez-Kanals.

Nachdem sowohl amerikanische als auch sowjetische Vermittlungsversuche im Sicherheitsrat am Veto Frankreichs und Großbritanniens scheiterten, begannen Frankreich und Großbritannien mit der Bombardierung ägyptischer Militäreinrichtungen. Auf der Grundlage der «*Uniting for Peace*»-Resolution beauftragte daraufhin die Generalversammlung den Generalsekretär, eine internationale Friedenstruppe *(United Nations Emergency Force,* UNEF) zur Beendigung der Feindseligkeiten und zur Überwachung der Feuereinstellung zu entsenden. Mit den im November 1956 in Ägypten eintreffenden ersten Blauhelmen war, aus der Not geboren, ein neues Instrument zur Friedenserhaltung geschaffen worden. An dessen Grundkonzept hielten auch die nachfolgenden Friedensmissionen, die dann aber allesamt vom Sicherheitsrat beschlossen wurden, lange Zeit fest. Die Truppen wurden vor allem aus kleineren Ländern rekrutiert. Dadurch war zwar ihre Durchsetzungsfähigkeit geschwächt, und in der Tat sollte es – besonders spektakulär in Bosnien-Herzegowina – später immer wieder zu «Katz-und-Maus»-Spielen kommen, die die Autorität der Vereinten Nationen untergruben und die möglicherweise nicht in diesem Ausmaß aufgetreten wären, wenn die USA mit im Spiel gewesen wären. Aber diese «Schwäche» wurde als Preis für die erhoffte größere Akzeptanz der Missionen bewusst in Kauf genommen.

Nach dem im Suez-Konflikt erfolgreichen Modell kamen immer häufiger Friedenstruppen zum Einsatz. Während der Amtszeit Hammarskjölds und für den Generalsekretär selbst erlangte darunter die Kongo-Mission *(Organisation des Nations Unies au Congo,* ONUC) eine besondere Bedeutung. Belgien hatte seine Kolonie am 30. Juni 1960 in die Unabhängigkeit entlassen. Unmittelbar darauf brachen Unruhen aus, während derer der Präsident der Provinzregierung Katangas, Tschombé, die Sezession dieser rohstoffreichen Provinz betrieb und Belgien daraufhin militärisch intervenierte. In Reaktion darauf bat die Zentralregierung unter Patrice Lumumba die Vereinten Nationen um die Entsendung einer Friedenstruppe, die die innere Sicherheit wieder herstellen und Schutz vor einer Intervention durch andere Staaten gewähren sollte. Am 14. Juli 1960 forderte der Sicherheitsrat mit Resolution 143 Belgien zum Rückzug seiner Truppen auf.

Die Kongo-Krise illustriert die Relevanz der «Erfindung» der Friedensmissionen für die sicherheitspolitische Handlungsfähigkeit der Vereinten Nationen. Zu einem Sicherheitsratsbeschluss konnte es aufgrund des zu erwartenden Vetos der NATO-Partner Belgiens nicht kommen. Informell und unter Umgehung der in der Charta dafür eigentlich vorgesehenen Voraussetzungen ermöglichte das Instrument der Friedenstruppen aber dennoch eine militärische Intervention, bei der die UNO einer Regierung gegen einen internen und einen externen Gegner zu Hilfe kam und damit selbst eindeutig Partei ergriff. Zeitweilig gehörten der Friedenstruppe bis zu 20 000 Soldaten an.

Im Verlauf dieser Auseinandersetzungen forderte die Sowjetunion die Absetzung Hammarskjölds, der ihr zu eigenmächtig geworden war. Chruschtschow ging noch weiter: Das Amt des Generalsekretärs selbst sollte durch ein dreiköpfiges Kollegialgremium ersetzt werden, dem je ein Vertreter der beiden Blöcke sowie ein dritter aus den Reihen der blockfreien Staaten angehören sollte. Die Entscheidungen dieses Gremiums sollten einvernehmlich getroffen werden. Dieser Vorschlag ist ein schönes Beispiel dafür, wie die beiden Blockführungsmächte während des Kalten Krieges versuchten, sich die Unterstützung der blockfreien Staaten zu sichern.

Die Kongo-Krise führte zwar nicht zur Absetzung Hammarskjölds und auch nicht zur Auflösung des Amtes des Generalsekretärs, aber sie wurde ihm auf eine viel tragischere Weise zum Verhängnis: Im September 1961 kam er auf dem Weg zu einer Vermittlungsmission zwischen den ONUC-Truppen und den in Katanga kämpfenden Söldnerheeren unter bis heute ungeklärten Umständen bei einem Flugzeugabsturz ums Leben. «Die Tatsache, dass nahezu alle großen Geheimdienste der Welt zumindest verdächtigt wurden, Hammarskjöld ausschalten zu wollen, wird in der Retrospektive zu einem ganz eigenen Ausweis der Unabhängigkeit des Generalsekretärs», stellte Manuel Fröhlich in seinem Buch über Dag Hammarskjöld zutreffend fest. Dieses Urteil lässt zumindest den Schluss zu, dass sich die Vereinten Nationen während der Amtszeit und nicht zuletzt auch aufgrund der Persönlichkeit ihres zweiten Generalsekretärs erfolgreich gegen Versuche wehren konnten, sie zum Instrument eines Staates oder einer Staatengruppe zu machen.

Von einem weiteren Blauhelme-Einsatz auf Zypern im Jahr 1964 abgesehen, konnten die Vereinten Nationen unter dem aus

Birma stammenden Nachfolger Hammarskjölds, *Sithu U Thant* (Amtszeit 1961–1971), in der Hochphase des Kalten Krieges kaum auf das regionale Kriegsgeschehen einwirken. Sie erlitten dabei einen Bedeutungsverlust, der allerdings auch teilweise dem angesichts der Angriffe auf seinen Vorgänger übervorsichtigen Generalsekretär selbst angelastet wurde. An der Beilegung der großen weltpolitischen Auseinandersetzungen dieses Jahrzehnts, der Kuba-Krise, dem Vietnam-Krieg und dem Sechs-Tage-Krieg, war die UNO nur am Rande oder gar nicht beteiligt. Stattdessen wurde sie zur Bühne rhetorischer Schaukämpfe zwischen den beiden Supermächten. Während der Kuba-Krise benutzten die USA den Sicherheitsrat als Forum, um die Sowjetunion vor aller Welt als Lügnerin bloßzustellen. Der Generalsekretär bemühte sich zwar als Vermittler, die Entscheidungen fielen jedoch nicht in New York, sondern in Moskau und Washington.

Geradezu fatal wirkte sich die ohne Konsultation des Sicherheitsrats von U Thant am 15. Mai 1967, also unmittelbar vor Beginn des Sechs-Tage-Krieges, getroffene Entscheidung aus, die seit der Suez-Krise auf der Sinai-Halbinsel stationierten UNEF-Blauhelme abzuziehen. Am 5. Juni griff Israel seine arabischen Nachbarn an und befolgte die wiederholten Aufforderungen des Sicherheitsrats erst, nachdem es seine militärischen Ziele erreicht hatte. Zu einer vollständigen Verwirklichung der am 22. November vom Sicherheitsrat verabschiedeten Resolution 242 (1967), mit der von Israel der Rückzug aus den besetzten Gebieten und von den arabischen Staaten die Anerkennung Israels gefordert wurde, ist es bis heute nicht gekommen. Auch den Vereinten Nationen gelang es bisher nicht, den Nahost-Konflikt einer Lösung näher zu bringen. Sie haben aber mit der von den arabischen Staaten durchgesetzten Anerkennung der PLO als offizieller Vertretung der Palästinenser durch die Generalversammlung am 22. November 1974 einen beträchtlichen Einfluss auf den Konfliktverlauf genommen. Die Unterstützung des Rechts auf Selbstbestimmung der Palästinenser und die Verurteilung Israels gehörten seit Mitte der siebziger Jahre zu den Standardritualen fast jeder Sitzung der Generalversammlung.

3. Die ordnungspolitische Offensive der Entwicklungsländer

Mit dem Beitritt der nach und nach unabhängig gewordenen früheren Kolonien veränderte sich die ursprünglich westlich geprägte Zusammensetzung der Generalversammlung gründlich. Anfang der siebziger Jahre, zu Beginn der Amtszeit des österreichischen Generalsekretärs *Kurt Waldheim* (Amtszeit 1971–1981), war die Zahl der UNO-Mitgliedstaaten bereits auf 127 angewachsen und bis 1975 auf 144 weiter gestiegen. Die neuen Mehrheitsverhältnisse bescherten der UNO mit einer sehr viel stärkeren Hinwendung zu den Entwicklungsproblemen der Dritten Welt einen neuen Aufgabenschwerpunkt, zu dessen Bearbeitung das System der Vereinten Nationen um zahlreiche neue Institutionen erweitert wurde. Nach den Vorstellungen der Entwicklungsländer sollte ein globaler Wohlfahrtsausgleich durch eine Reform der internationalen Wirtschaftsordnung herbeigeführt werden. Die westlichen Industriestaaten wurden in der Generalversammlung als die Verantwortlichen für Armut, Elend und Unterentwicklung in der Dritten Welt angeprangert und zu Wiedergutmachungsleistungen aufgefordert. Ein erster Hinweis darauf, dass die USA ihre langjährige Kontrolle über die Generalversammlung einzubüßen begannen, war die mit Resolution 2758 am 25. Oktober 1971 gegen die Stimme der USA getroffene Entscheidung, der Volksrepublik China anstelle von Taiwan die Vertretung Chinas und damit auch dessen Sitz als ständiges Mitglied des Sicherheitsrats zuzuerkennen. Damit hatten die Anliegen der Staaten der Dritten Welt einen weiteren gewichtigen Fürsprecher bekommen. In den achtziger Jahren standen die USA, immerhin der mit Abstand größte Beitragszahler, nur noch bei etwa 20 Prozent der Abstimmungen in der Generalversammlung auf der Seite der Mehrheit. Die Majorisierung der Generalversammlung durch die neuen Mitglieder stürzte die UNO in ihre zweite Krise, die ihren Höhepunkt Mitte der achtziger Jahre hatte.

Es scheint heute kaum noch nachvollziehbar, wie es den in der Bewegung der Blockfreien und der Gruppe der 77 organisierten

Entwicklungsländern gelingen konnte, über ein Jahrzehnt hinweg die Agenda der Vereinten Nationen weitgehend zu bestimmen und die westlichen Industrieländer ernstlich in Bedrängnis zu bringen. Als thematisch breit gefächerte Emanzipationsbewegung ehemaliger Kolonien und solcher Staaten, die im Rahmen des Ost-West-Konflikts ihre Unabhängigkeit bewahren wollten, gaben die Blockfreien den Anstoß für eine Reform der Weltwirtschaftsordnung, um der inzwischen weitgehend erfolgten politischen Entkolonialisierung nun auch die wirtschaftliche Emanzipation folgen zu lassen. Die Gruppe der 77 war im unmittelbaren Vorfeld der ersten Konferenz der Vereinten Nationen für Handel und Entwicklung (UNCTAD I) gegründet worden, die 1964 in Genf stattfand. Vor allem innerhalb der UNCTAD gelang es den Ländern des Südens, trotz aller politischen, kulturellen und geographischen Unterschiede, eine beträchtliche Verhandlungsmacht aufzubauen. Ihr Gewicht resultierte zum einen daraus, dass die Ölkrise der Jahre 1973 und 1974 den westlichen Industriestaaten ihre Rohstoffabhängigkeit drastisch vor Augen geführt hatte und sich auch die OPEC-Staaten in die Koalition eingereiht hatten. Außerdem profitierten die Staaten der Dritten Welt davon, dass sowohl die USA als auch die Sowjetunion während des Kalten Krieges immer noch darum bemüht waren, sie in der eigenen Einflusszone zu behalten.

Dennoch fällt die Gesamtbilanz ihres Vorstoßes sowohl für die Anliegen der Entwicklungsländer selbst als auch für die Vereinten Nationen ernüchternd aus. Er führte trotz einzelner Achtungserfolge – so konnte 1989 immerhin ein «Gemeinsamer Fonds zur Preisstabilisierung von Rohstoffen und zur Finanzierung anderer Maßnahmen» ins Leben gerufen werden – zu einer Entfremdung der Industrieländer von zahlreichen Foren innerhalb des UN-Systems. Sie kehrten diesen Schauplätzen antiwestlicher Kampagnen den Rücken, kritisierten die «Weltfremdheit» der Vereinten Nationen und verlagerten die substanziellen weltwirtschafts- und welthandelspolitischen Entscheidungen dorthin, wo sie nach wie vor selbst das Sagen hatten. Als Rückzugsgebiete dienten ihnen zum einen die Weltbank und der Internationale Währungsfonds. Dort herrschte nicht das Prinzip «Ein

Land – eine Stimme», sondern die Regel «Ein Dollar – eine Stimme». Zum anderen setzten die Industrieländer mit dem GATT (dem Vorläufer der WTO) auf eine internationale Institution am Rande des UN-Systems sowie auf neue, informelle Verhandlungsforen, namentlich die exklusiven G 7-Wirtschaftsgipfel. Der Druck, den die Industriestaaten damit auf die entwicklungsländerfreundlichen UNO-Organisationen ausübten, fand seinen Höhepunkt im Austritt der USA und Großbritanniens aus der UNESCO Ende 1984, womit der dort geführten Debatte über eine «Neue Weltinformationsordnung» ein abruptes Ende bereitet wurde. Auch das Zurückhalten von Pflichtbeiträgen wurde gezielt eingesetzt, um besonders missliebige Sonderorganisationen unter Druck zu setzen. So halbierten die USA ihre Beitragszahlungen an die ILO zunächst, um sie dann gänzlich einzustellen und die Organisation zwischen 1977 und 1980 sogar zeitweilig zu verlassen. Solche Rückzüge wurden zumeist mit dem Vorwurf der Misswirtschaft und der «Politisierung» begründet, womit vor allem die ritualisierten Verurteilungen Israels und der südafrikanischen Apartheidspolitik gemeint waren.

Die Verhandlungsmacht der Dritten Welt begann zu sinken, als einzelne Entwicklungsländer aus der Solidaritätsfront ausbrachen, um sich nationale Vorteile zu sichern. Die Industriestaaten unterstützten diese Auflösungstendenzen durch gezielte Angebote an für sie wichtige Staaten nach Kräften. Sie erkannten bald, dass die Gefahr weiterer Rohstoff-Kartellbildungen über die OPEC hinaus geringer war als ursprünglich befürchtet. Aber auch das Druckmittel der Ölpreiserhöhungen erwies sich am Ende gleich in mehrfacher Hinsicht als selbstschädigend für die Dritte Welt. Es löste in den Industrieländern eine Wachstumskrise aus, die sich in einem Rückgang der Nachfrage nach Importen aus der Dritten Welt niederschlug und gute Argumente für einen Rückzug aus der Entwicklungsfinanzierung lieferte. Ironischerweise war auch die Verschuldungskrise der achtziger Jahre eine Folgeerscheinung der Mehreinnahmen der OPEC-Länder, die als billiges Kapital die internationalen Devisenmärkte überschwemmt und viele Entwicklungsländer zur Aufnahme von Krediten bewegt hatten, die sie bei steigenden

Zinsen und sinkenden Rohstofferlösen nicht mehr bedienen konnten. Viele Entwicklungsländer wurden damit zu Bittstellern, die sich nun ausgerechnet an den Internationalen Währungsfonds und die Weltbank wenden mussten, um kurzfristig wirksame Hilfen zu erhalten. So gingen die achtziger Jahre nach übereinstimmender Auffassung für die Dritte Welt als eine «verlorene Dekade» in die Geschichte ein. Mit dem Ende des Ost-West-Konflikts und damit der Möglichkeit, die beiden Blöcke zu ihren Gunsten gegeneinander auszuspielen, verloren viele Entwicklungsländer dann auch noch ihre letzte Trumpfkarte.

Die Vereinten Nationen hatten sich sehr weitgehend für die weltwirtschaftspolitische Reformprogrammatik der Dritten Welt einspannen lassen und dafür mit einem beträchtlichen Bedeutungsverlust in den Augen der Industriestaaten bezahlt. Die Organisation nahm daraus die bittere Erkenntnis mit, dass sie in einem Dilemma gefangen war: Sie geriet umso eher ins Abseits, je mehr sie sich von der Aufgabe entfernte, im Einklang mit den weltpolitischen und weltwirtschaftlichen Kräfteverhältnissen zur Stabilisierung des Status quo beizutragen. Öffnete sie sich zu sehr den Wünschen der Reformkräfte, dann lief sie Gefahr, von den am Status quo orientierten Kräften, bei denen es sich zugleich um ihre Hauptbeitragszahler handelt, übergangen zu werden. Würde sie sich aber in den Dienst von deren Interessen stellen, dann würde sie durch die Preisgabe ihrer Unabhängigkeit an Glaubwürdigkeit und damit ebenfalls an Bedeutung einbüßen.

4. Die Wiederentdeckung der Vereinten Nationen

Unter dem aus Peru stammenden Generalsekretär *Perez de Cuéllar* (Amtszeit 1981–1991) wurde das beschriebene Dilemma angesichts der aufziehenden Existenzkrise im Sinne einer «konservativen Wende» aufgelöst. Er hatte die Organisation auf einem Tiefpunkt ihrer Geschichte übernommen und versuchte sie nun «auf Kurs» zu bringen, indem er sie wieder vermehrt den Funktionserwartungen der «Großen» annäherte. Während seiner Amtszeit konzentrierte er sich auf Vermittlungstätigkeiten bei der Befriedung regionaler Krisenherde. Dazu zählten die Beendigung des Bürgerkrieges in Kambodscha, die Unterstützung des Unabhängigkeitsprozesses in Namibia oder die Beendigung des Bürgerkriegs in El Salvador. Dabei blieben Misserfolge wie die gescheiterten Vermittlungsbemühungen im Falklandkrieg nicht aus. Sie konnten aber den Gesamteindruck einer Rückbesinnung auf den «rechten Weg» nicht beeinträchtigen.

Einen weiteren Misserfolg in der Amtszeit von de Cuéllar stellte auch der gescheiterte Versuch dar, den Irak nach dem Überfall auf Kuwait am 2. August 1990 mit Hilfe eines vier Tage später vom Sicherheitsrat beschlossenen Handelsembargos (Resolution 661) zum Verlassen des besetzten Landes zu bewegen. Allerdings ist dieser Konflikt dennoch von Bedeutung für die UNO gewesen, weil er zum einen die wiedererlangte Handlungsfähigkeit des Sicherheitsrats signalisierte und zum anderen den USA dokumentierte, dass es für sie auch unter dem Schirm der Vereinten Nationen wieder möglich war, mit einer verhältnismäßig großen Handlungsfreiheit eigene weltpolitische Ziele zu verfolgen. Bei ihrem militärischen Eingreifen zur Befreiung Kuwaits im Frühjahr 1991 auf der Grundlage der am 29. November 1990 gefassten Resolution 678 ließ der Sicherheitsrat der Golfkriegskoalition einen bemerkenswert großen Handlungsspielraum. Es gab zwar eine Unterrichtungspflicht, aber weder eine zeitliche Begrenzung noch Vorgaben hinsichtlich der Wahl der Mittel. Faktisch hatte der Generalsekretär keinen Einfluss auf den Kriegsverlauf.

Die UNO begann sich zu einem Zeitpunkt als ein nützliches Instrument des Krisenmanagements zu rehabilitieren, als ein solches Instrument allerdings auch dringend nötig wurde. Das mit dem Umbruch in der Sowjetunion 1986 eingeläutete Ende der Ost-West-Konfrontation hatte dazu geführt, dass sich zahlreiche regionale Spannungsherde verselbstständigten. Anders als erhofft öffnete das Ende des Kalten Krieges damit nicht das Tor in eine friedlichere Welt. Vielmehr wurde bald deutlich, dass die jahrzehntelange Blockkonfrontation auch eine wirksame Form der Konfliktunterdrückung gewesen war. Ohne den disziplinierenden Einfluss der jeweiligen Blockführungsmacht brachen viele dieser Konflikte nun wieder auf. Für die Weltöffentlichkeit erkennbar leistete die UNO mit zahlreichen Friedensmissionen in dieser kritischen Zeit des weltpolitischen Umbruchs einen wesentlichen Stabilisierungsbeitrag. Diese Leistung fand ihre Würdigung in der Verleihung des Friedensnobelpreises an die UNO-Blauhelme im Jahr 1988.

Die Amtszeit des aus Ägypten stammenden Generalsekretärs *Boutros Boutros-Ghali* (1992–1997) stand somit eigentlich unter ausgezeichneten Vorzeichen, die von diesem selbst als «zweite Chance» für die Vereinten Nationen beschrieben wurden: Die Lähmung durch den Kalten Krieg, während dessen im Sicherheitsrat insgesamt 279 Mal ein Veto eingelegt worden war, war vorüber, und es bestand die allgemeine Erwartung, die wiedergewonnene Handlungsfähigkeit zu einer umfassenden Stärkung der Rolle der UNO bei der Friedenssicherung zu nutzen. Gleich nach seinem Amtsantritt machte sich Boutros-Ghali daran, im Auftrag des Sicherheitsrats Empfehlungen dazu auszuarbeiten. Das war mehr als überfällig. Die Vereinten Nationen waren auf dem Grundpfeiler der Wahrung der territorialen Integrität der Staaten zur Sicherung des Weltfriedens errichtet worden. Andere als zwischenstaatliche Konflikte waren in diesem Konzept nicht vorgesehen. Mit dem Wiederaufflammen zahlreicher innerstaatlicher Konfliktherde und angesichts zerfallender Staaten führte kein Weg mehr an der Frage vorbei, inwieweit Instrumente, die ursprünglich für die Bearbeitung von Konflikten zwischen Staaten konzipiert worden waren, in «asymmetrischen Konflikten» überhaupt noch greifen, deren besonderes Merkmal die Ungleichartigkeit der daran beteiligten staatlichen und privaten Akteure ist.

Im Juni 1992 legte Boutros-Ghali die «Agenda für den Frieden» vor, mit der die Vereinten Nationen wieder zum zentralen Ort der internationalen Sicherheitspolitik werden sollten. Im Einzelnen wurden darin vier Maßnahmenkomplexe beschrieben:

(1) Maßnahmen der *vorbeugenden Diplomatie* sollten bereits das Entstehen von Streitigkeiten verhüten. Neben der Etablierung von Frühwarnsystemen und der Entsendung von Missionen zur Tatsachenermittlung sollten dazu auch vorbeugende Truppeneinsätze gehören, um mit Zustimmung der betreffen-

den Regierung oder aller Parteien im Vorfeld einer Krise Feindseligkeiten unterbinden oder humanitäre Hilfe leisten zu können.

(2) Maßnahmen zur *Friedensschaffung* (*peace-making*) sollten nach Ausbruch eines Konflikts eine Einigung zwischen den Konfliktparteien herbeiführen, etwa indem diese zum Abschluss eines Waffenstillstands- oder Friedensabkommens bewegt werden.

In diesem Zusammenhang rief Boutros-Ghali Artikel 43 der Charta in Erinnerung, demzufolge die Mitgliedstaaten dem Generalsekretär ständig bereitstehende Streitkräfte vertraglich zur Verfügung stellen sollten. Allerdings hielt auch Boutros-Ghali die Aktivierung dieser Chartabestimmung für nicht sehr wahrscheinlich und schlug stattdessen die freiwillige Bereitstellung von schnellen Eingreiftruppen vor, die auf Beschluss des Sicherheitsrats und unter dem Kommando des Generalsekretärs auf Abruf zur Friedensdurchsetzung (*peace-enforcement*) eingesetzt werden könnten. Diese sollten schwerer bewaffnet sein und ausdrücklich über das *peace-keeping* hinausgehende Aufgaben wahrnehmen. Aber auch dieser Vorschlag zielte noch immer auf eine deutliche Stärkung der Rolle des Generalsekretärs ab, denn bis zu diesem Zeitpunkt hatte der Sicherheitsrat, wie bei seiner Reaktion auf die Invasion Kuwaits durch den Irak im Jahr 1990, allenfalls Kriegskoalitionen ermächtigt, militärische Zwangsmaßnahmen zu ergreifen.

(3) Die zur *Friedenssicherung* (*peace-keeping*) vorgeschlagenen Maßnahmen bewegten sich dagegen wieder im konventionellen Bereich der bisherigen, auf der Zustimmung der Konfliktparteien beruhenden Praxis der Entsendung von Blauhelmen. Militär- und Polizeikräfte sowie ziviles Personal sollten eingesetzt werden, um die Einhaltung von Waffenstillstands- oder Friedensabkommen zu überwachen und damit die Voraussetzungen für politische Lösungen zu schaffen.

(4) Den letzten Bereich bildeten die *friedenskonsolidierenden* Maßnahmen (*post-conflict-peace-building*). Damit waren Bemühungen um Entmilitarisierung und um die Wiederherstellung funktionierender staatlicher Ordnungsstrukturen gemeint.

Auch die Durchführung von Wahlen in der Konfliktfolgezeit wurde genannt.

Im Rückblick muss Boutros-Ghalis ambitionierter Versuch als gescheitert betrachtet werden, mit der «Agenda für den Frieden» die Weichen für eine substanzielle Aufwertung der Rolle der Vereinten Nationen – und vor allem ihres Generalsekretärs – in der internationalen Sicherheitspolitik zu stellen. Vor allem weckte die Agenda die Befürchtung, er strebe autonome Militärkapazitäten unter dem Kommando des Generalsekretärs zum Zweck des *peace-enforcement* an.

Am Ende seiner ersten Amtszeit war Boutros-Ghali bei der amerikanischen Clinton-Regierung so sehr in Ungnade gefallen, dass diese ihr Veto im Sicherheitsrat einlegte, um eine zweite Amtszeit des zu sehr auf die Unabhängigkeit der Vereinten Nationen bedachten Generalsekretärs zu verhindern. Dieser unglückliche Verlauf der Amtszeit Boutros-Ghalis entbehrte nicht einer gewissen Ironie: Hatte doch auch dieser Generalsekretär unter politischem und finanziellem Druck durchaus den Kurs seines Vorgängers fortgesetzt, die Vereinten Nationen für die Status quo-Mächte wieder attraktiver zu machen.

5. Private Akteure *ante portas*

Mit der weltpolitischen Bedeutungslosigkeit der Entwicklungsländer, dem Siegeszug des wirtschaftspolitischen Neoliberalismus und des westlich liberalen Demokratiemodells waren allerdings die Gegensätze in den internationalen Beziehungen keineswegs von der Bildfläche verschwunden. Die Entwicklungsproblematik nahm im Zuge der wirtschaftlichen Globalisierung eher an Schärfe zu. Der Widerstand gegen deren soziale und ökologische Folgen kam im Unterschied zu den siebziger Jahren jedoch nicht mehr primär von den Regierungen der Entwicklungs- und Transformationsländer, sondern von zivilgesellschaftlichen Nichtregierungsorganisationen (NRO).

Die lautstarke Einmischung von NRO zugunsten einer sozial- und umweltverträglichen Gestaltung des Globalisierungsprozesses; die Privatisierung der Gewaltanwendung durch grenzüberschreitend operierende Terrornetzwerke, die sich zum Ziel setzen, die globale Verbreitung des westlichen Zivilisationsmodells mit allen Mitteln zu bekämpfen; die sich häufenden humanitären Katastrophen in von Bürgerkriegen geschüttelten und zerfallenden Staaten; und nicht zuletzt die Hegemonialmacht USA, die zu Alleingängen und zum Ausscheren aus der Völkerrechtsgemeinschaft neigt – damit sind nur einige der Herausforderungen benannt, denen sich der aus Ghana stammende Nachfolger Boutros-Ghalis im Amt des Generalsekretärs, *Kofi Annan* (Amtszeit 1997–2006), gegenüber sieht. Annan stellt sein Amtsverständnis im Sinne einer politisch aktiven Amtsführung ausdrücklich in die Tradition seines Vorbilds Dag Hammarskjöld. Neben der Suche nach Antworten auf die neue Sicherheitsbedrohung durch den transnationalen Terrorismus, die aus seiner Sicht die Bereitschaft zu einem grundsätzlichen Überdenken des vorhandenen sicherheitspolitischen Instrumentariums erfordert, hat er sich die folgenden Aufgabenschwerpunkte gesetzt: Die inneren Reformen des UN-Systems sollen konsequent weitergeführt werden, denn davon machen die USA ihre Bereitschaft abhängig, ihre Beitragsrückstände zu begleichen. Bei der umwelt- und sozialverträglichen Gestaltung des wirtschaftlichen Globalisierungsprozesses will er auf neue partnerschaftliche Formen der politischen Steuerung setzen, die mit einer Öffnung der UNO gegenüber privatwirtschaftlichen und zivilgesellschaftlichen Akteuren einhergehen sollten. Nicht zuletzt soll die Lösung humanitärer Probleme einen sehr viel höheren Stellenwert erhalten. Diese Zielsetzung ist weit weniger harmlos, als sie zunächst klingen mag, denn in ihr ist der für die Vereinten Nationen riskante Sprengsatz einer Neubestimmung des Gewichtungsverhältnisses zwischen dem internationalen Schutz der staatlichen Souveränität und dem internationalen Schutz des Individuums angelegt.

Für diese Sichtweise waren die prägenden Erfahrungen maßgeblich, die Annan Mitte der neunziger Jahre als der für die Friedensoperationen der Vereinten Nationen verantwortliche Untergeneralsekretär gemacht hatte und die sich untrennbar mit den Namen Ruanda und Srebrenica verbinden. In beiden Fällen hatte sich die UNO als unfähig erwiesen, die Zivilbevölkerung zu schützen. Der Völkermord in Ruanda Mitte des Jahres 1994 war erst dadurch möglich geworden, dass die Vereinten Nationen den größten Teil ihrer zur Überwachung eines Friedensvertrags entsandten UNAMIR-Friedenstruppen zu einem Zeitpunkt abgezogen hatten, als gerade deren massive Verstärkung erforderlich gewesen wäre. Die Verschleppung und Ermordung von Flüchtlingen durch die bosnisch-serbische Armee unter den Augen untätiger Blauhelme-Soldaten stellte eine ähnlich traumatische Erfahrung des Versagens dar.

Vor diesem Hintergrund stellte Annan die bisher für die Friedensoperationen gültige Geschäftsgrundlage infrage. Er bekannte sich zum Vorrang des Schutzes der Zivilbevölkerung und jedes einzelnen Menschen vor dem staatlichen Souveränitätsanspruch. Bei zahlreichen Gelegenheiten stellte Annan immer wieder klar, dass das Recht auf die Respektierung der staatlichen Souverä-ni-tät daran gekoppelt sein müsse, dass der betreffende Staat auch seiner Pflicht zum Schutz des ihm anvertrauten Volkes nachkomme. Diese neue Prioritätensetzung hatte nicht nur Auswirkungen auf Annans Vorstellungen über die Geschäftsgrundlagen künftiger Friedensmissionen, sondern schlug sich flächendeckend in seinen Bemühungen auf den Gebieten Sicherheit, wirtschaftliche und soziale Entwicklung, Demokratie und Menschenrechte nieder. «Echte und dauerhafte Verbesserungen für das Leben der einzelnen Männer und Frauen zu bringen, ist das Maß aller Dinge, die wir in den Vereinten Nationen tun», stellte er dazu in seiner Nobelpreisrede am 10. Dezember 2001 in Oslo fest.

Diese Relativierung der Bedeutung der Staaten als ausschließliche Bezugspunkte und Adressaten der Vereinten Nationen fand in den Initiativen Annans zu einer stärkeren Einbindung nichtstaatlicher Akteure in die Arbeit der UNO ihre logische Fortsetzung. Für Annan waren Verbesserungen der menschlichen Existenzbedingungen abhängig von einer «guten Regierungsführung», deren Grundlage er in der Einbindung auch der nichtstaatlichen Akteure in eine partnerschaftliche Bearbeitung der Entwicklungs-, Menschenrechts- und Umweltprobleme auf allen Ebenen sah. Auf der globalen Ebene konnte dabei die

Serie großer Weltkonferenzen als Anschauungsmaterial dienen, die bereits in den siebziger Jahren unter dem Schirm der Vereinten Nationen begonnen hatte. Eine wesentliche Errungenschaft dieser Weltkonferenzen bestand in der neuen Qualität der Einbindung von NRO in die internationale Konferenzdiplomatie. Sie dienten als «Laboratorien» für die Einübung neuer Partizipationsformen und als «Trainingslager» für den wechselseitigen Umgang miteinander. Bei den Weltkonferenzen handelte es sich um sehr viel mehr als um eine Form der symbolischen Politik. Im Fall der Konferenz für Umwelt und Entwicklung, die im Jahr 1992 in Rio stattfand, wurde nicht nur eine Klimarahmenkonvention vereinbart, sondern auch ein Folgeprozess von jährlichen Konferenzen der Vertragsparteien auf den Weg gebracht, in dem die darin vereinbarten Emissionsreduktionsziele für jeden Staat verbindlich festgelegt wurden. Auf der dritten dieser Klimakonferenzen im japanischen Kyoto wurde zu diesem Zweck ein Zusatzprotokoll vereinbart, das die Reduktion von Treibhausgasen bis zum Jahr 2012 auf mindestens 5 Prozent unter dem Niveau von 1990 vorschreibt. Das «Kyoto-Protokoll» konnte nach seiner Ratifikation durch das Russische Parlament im Oktober 2004 auch ohne die Mitwirkung der USA als dem weltweit größten Emittenten von Treibhausgasen in Kraft treten.

Der Globalpakt, den Generalsekretär Annan am 31. Januar 1999 auf dem Weltwirtschaftsforum in Davos initiierte, stellte insoweit eine Vervollständigung der neuen dialogischen und auf die Beteiligung nichtstaatlicher Akteure ausgerichteten Steuerungsphilosophie dar, als damit neben der Zivilgesellschaft auch die Privatwirtschaft für eine freiwillige Mitwirkung am grenzüberschreitenden Regieren gewonnen werden sollte. Dem Globalpakt lag die Idee einer Einbindung über Anreiz- statt über Sanktionsstrukturen zugrunde. Er sollte die Eigenverantwortung der *global players* bei der internationalen Durchsetzung von Menschenrechts-, Arbeitsrechts- und Umweltstandards wecken. Transnationale Unternehmen verpflichten sich mit ihrem Beitritt dazu, für die Einhaltung dieser Standards überall dort, wo sie tätig sind, zu sorgen.

Für eine abschließende Würdigung Annans fehlt noch der nötige zeitliche Abstand. Dennoch besteht eine weitgehende Übereinstimmung darin, dass er neben Hammarskjöld als der bisher bedeutendste Generalsekretär in die Geschichte eingehen könnte. Es ist ihm gelungen, die Vereinten Nationen auf ein klares Profil zu konzentrieren statt sie durch Überdehnung zu überfordern. Wie lange dieses Profil Annans Amtszeit überdauern wird, bleibt abzuwarten. Die ihm zugrunde liegende Einsicht, dass an den neuen Herausforderungen neben den Staaten auch private Akteure als Problemverursacher wie als potenzielle Problemlöser einen wachsenden Anteil haben, stellt die Vereinten Nationen vor die Aufgabe, ihre ursprüngliche Identität als zwischenstaatliche Organisation so weiterzuentwickeln, dass sie für alle relevanten Akteure attraktiv genug bleibt oder wird, um deren Unterstützung für das gemeinsame Projekt des komplexen Weltregierens zu sichern.

IV. Frieden und menschliche Sicherheit unter den Vorzeichen ungesicherter Staatsmacht

Die terroristischen Angriffe des 11. September 2001 erschütterten das Grundvertrauen in die Schutzfunktion des souveränen Territorialstaates. Die Erfahrung des Staatsversagens bei der Bereitstellung des öffentlichen Gutes «Sicherheit» hatte damit auch die Welt der OECD-Staaten erreicht, in der Staatsversagen zuvor allenfalls im Zusammenhang mit der Bewältigung der Folgen der wirtschaftlichen Globalisierung zum Thema geworden war. In anderen Teilen der Welt, vor allem dort, wo Bürgerkriege bereits zum Zusammenbruch der staatlichen Ordnung und zu einem quasi-staatlichen Regiment rivalisierender privater Warlords geführt hatten, war die Krise der souveränen Staatlichkeit längst allgegenwärtige Realität. Der transnationale Terrorismus konfrontierte das von seinen bröckelnden Teilen her infizierte Staatensystem aber nun mit einer besonders radikalen Form privatisierter Gewaltanwendung, die weder von Staaten ausging, noch sich auch direkt gegen Staaten richtete.

Mit der Privatisierung von Gewalt war auch die Tragfähigkeit wesentlicher Grundpfeiler des kollektiven Sicherheitssystems der Vereinten Nationen infrage gestellt: Zum einen musste es sich darauf verlassen können, dass die darin eingebundenen Staaten ihre Staatlichkeit auch effektiv ausüben können. Zum anderen war es nun mit Friedensbrechern konfrontiert, die sich überhaupt nicht unmittelbar an die Einhaltung zwischenstaatlicher Regeln binden ließen. Es ist eine Ironie der Geschichte, dass das kollektive Sicherheitssystem ausgerechnet zu einem Zeitpunkt wieder funktionsfähig geworden war, als es aufgrund der radikalen Veränderung des sicherheitspolitischen Problemhaushalts zumindest so nicht mehr gefragt zu sein schien.

Das Kriegsgeschehen hat sein Gesicht grundlegend verändert. Es ist von einer gewaltsamen Konfliktaustragung geprägt, deren wesentliches Unterscheidungsmerkmal zum herkömmlichen Krieg darin besteht, dass sich dabei keine regulären staatlichen Armeen mehr gegenüberstehen, sondern mindestens auf einer Seite irreguläre bewaffnete Gruppen, Warlords, militärische Befreiungsbewegungen oder transnationale Terroristennetzwerke involviert sind. Diese privaten Akteure sind keine Vertragsparteien des humanitären Völkerrechts und daher rechtlich auch nicht daran gebunden.

Die verheerende Logik dieser Ungleichartigkeit der Kriegsparteien besteht in einem schleichenden Zerfall des normativen und institutionellen Rahmens, der unter maßgeblicher Beteiligung der Vereinten Nationen für die Wahrung von Sicherheit und Frieden geschaffen wurde. Der Kriegserfolg der staatlichen Armeen scheint an die Übernahme der Kampfpraktiken ihrer nichtstaatlichen Kontrahenten geknüpft zu sein. Sie werden genötigt, ihrerseits die grundlegenden Regeln des humanitären Völkerrechts zu missachten. Für diese Fehlentwicklung stehen Guantanamo Bay oder die russische Tschetschenien-Politik, aber auch der Nahost-Konflikt. Dort ist an die Stelle der zwischenstaatlichen Kriege zwischen Israel und seinen arabischen Nachbarstaaten inzwischen eine dauerhafte gewaltsame Auseinandersetzung zwischen der israelischen Armee und palästinensischen Widerstandsgruppen getreten, in deren Verlauf sich die Kampfhandlungen beider Seiten immer mehr angeglichen haben. Zwischen gezielten israelischen Raketenattentaten auf palästinensische Führer und palästinensischen Selbstmordanschlägen auf die israelische Zivilbevölkerung besteht kein legitimatorischer Unterschied mehr.

Noch ein weiterer Aspekt des Wandels des Kriegsgeschehens wirft Probleme für die Friedenssicherungsfunktion der Vereinten Nationen auf: die Verlagerung des Kriegsgeschehens in das Innere der Staaten. Da bewaffnete Auseinandersetzungen einer Staatsmacht mit – je nach Standpunkt – Rebellen oder Terroristen auf ihrem eigenen Territorium in der Regel von dieser zu einer *innerstaatlichen* Angelegenheit erklärt werden, ist eine Intervention von außen gegen den Willen des darin verwickelten Staates nur mit einem erhöhten Begründungsaufwand möglich. Um zur Beendigung eines Bürgerkrieges Zwangsmaßnahmen ergreifen zu können, muss der Sicherheitsrat zuerst eine Gefährdung der Sicherheit über die Grenzen des betroffenen Staatsgebietes hinaus feststellen. Dieser Umweg wurde beispielsweise im Fall der militärischen *peace-enforcement*-Aktion in Somalia beschritten. Sie sollte zwar der Beendigung der sich dort abspielenden humanitären Katastrophe dienen, eine völkerrechtliche Grundlage dafür war jedoch nur über die Feststellung einer Bedrohung der internationalen Sicherheit zu erhalten. Weder der Zerfall der staatlichen Ordnung noch die damit einhergegangene menschliche Tragödie hätten für sich betrachtet ein militärisches Eingreifen in die innerstaatlichen bewaffneten Auseinandersetzungen rechtfertigen können.

Die Autorisierung einer derartigen Intervention durch den Sicherheitsrat setzt aber nicht nur voraus, dass sich die erforderliche «Internationalisierung» eines Konflikts möglichst überzeugend konstruieren lässt, sondern auch, dass sie von seinen ständigen Mitgliedern überhaupt als politisch opportun in Erwägung gezogen wird. Der Sicherheitsrat mischt sich nämlich immer dann nicht ein, wenn ein ständiges Mitglied direkt oder indirekt in einen innerstaatlichen Krieg verwickelt ist. Die Mechanismen, die dann verhindern, dass das vorhandene Interventionsinstrumentarium ausgeschöpft wird, lassen sich am Tschetschenien-Konflikt trefflich verdeutlichen. Der Sicherheitsrat wird wegen dieses Konflikts von keinem Staat angerufen, obwohl sich auch hier ein internationaler Zusammenhang herstellen ließe, etwa unter Verweis auf Waffenlieferungen an die Rebellen. Dennoch wird der Konflikt aus Opportunitätserwägungen tabuisiert: «Hackst du mir wegen meines Konflikts in Tschetschenien kein Auge aus, dann werde ich mich auch aus deinem Konflikt in Tibet heraushalten».

Die veränderten Anforderungen an das sicherheitspolitische Instrumentarium der Vereinten Nationen lassen sich als eine dreifache Entstaatlichung der Sicherheitsproblematik zusammenfassen: Entstaatlichung durch private Gewaltanwendung, durch den Zerfall von Staatsmacht und nicht zuletzt durch eine verstärkte Berücksichtigung von Sicherheitsbedürfnissen der

Zivilbevölkerung und der Individuen. Diese dritte Dimension der Entstaatlichung der Sicherheitsproblematik ist eng mit dem Konzept der menschlichen Sicherheit *(human security)* verknüpft, das im Bericht des UNDP über die menschliche Entwicklung 1994 zum ersten Mal Erwähnung fand. Es richtet sich gegen ein Verständnis von Sicherheit als der Sicherheit eines Territoriums vor militärischen Angriffen von außen, bei dem der Schutz des einzelnen Staates und nicht der Schutz des einzelnen Menschen im Vordergrund steht. Das Konzept der menschlichen Sicherheit adressiert demgegenüber die Ursachen aller Gefährdungen der menschlichen Existenz, von Hunger über Verbrechen bis zu politischer Unterdrückung, und verknüpft so die Friedens-, die Entwicklungs- und die Menschenrechtsagenda der Vereinten Nationen miteinander. Indem dieses Konzept sowohl eine staatliche Verantwortung für die Wahrung der Sicherheitsbedürfnisse der Individuen als auch eine internationale Verantwortung dafür propagiert, die einzelnen Staaten dazu in die Lage zu versetzen, stellt es eine Provokation für diejenigen dar, in deren Augen sich die Vereinten Nationen als eine zwischenstaatliche Organisation zuvorderst in den Dienst der nationalen Sicherheit zu stellen haben.

1. Die Wirksamkeit des Sanktionsregimes der Vereinten Nationen

Bevor man sich allerdings der Frage zuwendet, inwieweit die vorhandenen Sanktions- und Interventionsmöglichkeiten der Vereinten Nationen den skizzierten neuen Herausforderungen noch genügen, sollte zunächst geklärt werden, ob sie denn für die alten überhaupt ausreichend waren. Die wenigen Beispiele, wie der Korea-Krieg 1950, die Intervention nach der Invasion Kuwaits durch den Irak 1990 oder der Militäreinsatz im somalischen Bürgerkrieg 1992, verdeutlichen, dass sich der Sicherheitsrat bisher nur ganz selten des Instruments der militärischen Zwangsmaßnahmen bedient und noch nie kollektive Sicherheitsmaßnahmen unter eigenem Oberkommando durchgeführt hat.

Um dies zu verstehen, sollte man bedenken, dass im internationalen Raum die militärischen Erzwingungsinstrumente, die benötigt werden, um gegen Regelbrecher vorzugehen, nicht ohne Weiteres zur Verfügung stehen. Obwohl die Unterordnung von Gewalt unter das Recht ein vorrangiges Ziel der Vereinten Nationen darstellt, zeigt gerade das mit der Charta etablierte kollektive Sicherheitssystem, wie prekär das Verhältnis zwischen völkerrechtlich eingeschränkter und nackter Machtausübung ist und bleibt. Denn einzelstaatliche Macht muss in einem solchen Rechtssystem auch effektiv unter das Recht gezwungen werden können. Dies ist aber nur unter Rückgriff auf staatlich bereitzustellende Zwangsmittel möglich. Solange diese aber in den Händen einiger weniger Staaten konzentriert sind, können auch nur diese die Funktionsfähigkeit des kollektiven Sicherheitssystems «von ihren Gnaden» garantieren. Damit kann dieser eigentlich innovative Ordnungsansatz dem Schatten der Macht nicht entfliehen. Der einzige – allerdings auch nicht gänzlich triviale – Unterschied zum alten «Konzert der Großmächte» besteht darin, dass deren Verhalten heute nicht mehr nur Machtschranken unterliegt, sondern sich auch an den normativen Zwängen des Völkerrechts messen lassen muss. Trotzdem bleibt die Funktionsfähigkeit des kollektiven Sicherheitssystems eine Resultante des Zusammentreffens kollektiver Friedens- und individueller Machtinteressen.

Aufgrund dieser Machtinteressen konnte das System kollektiver Sicherheit während des Kalten Kriegs nicht funktionieren. Seine Grundphilosophie, alle übrigen Staaten würden sich stets geschlossen einem jeweiligen Rechtsbrecher entgegenstellen, hatte mit der realweltlichen Blockbildung nichts mehr gemein. Allerdings würde es zu kurz greifen, wenn man das Versagen des kollektiven Sicherheitssystems allein dem Ost-West-Konflikt anlasten wollte. Die Mängel sind in der Konstruktion selbst angelegt. Es lässt sich weder direkt gegen eines der ständigen Mitglieder des Sicherheitsrats anwenden noch indirekt in Fällen, in denen dies aus sonstigen Gründen nicht im Interesse eines der ständigen Sicherheitsratsmitglieder liegt. Daraus zog Ernst-Otto Czempiel den ernüchternden Schluss, «dass die Kollektive Sicherheit ein Mythos ist, niemals funktioniert hat und auch gar nicht funktionieren kann.» Ein schlagender Beleg für die Richtigkeit des machtpolitischen Deutungsansatzes?

In der Eskalationsleiter der Zwangsmaßnahmen nach Kapitel VII der Charta sieht Artikel 41 vor dem Einsatz militärischer Gewalt zunächst nichtmilitärische Sanktionen vor. Auch sie wurden während des Kalten Krieges lediglich zwei Mal eingesetzt, und zwar gegenüber Südrhodesien im Jahr 1966 sowie 1977 gegenüber Südafrika. Seit 1990 häuften sie sich allerdings. Unter anderem wurden solche Sanktionen gegen den Irak, das ehemalige Jugoslawien, Libyen, Liberia, Haiti, Angola, Ruanda, Sudan, Sierra Leone, Afghanistan, Äthiopien und Eritrea verhängt. Der Sicherheitsrat greift auf dieses Instrument vor allem deshalb gern zurück, weil es relativ billig ist – es müssen zum Beispiel keine kostspieligen Truppen bereitgestellt werden –, verhältnismäßig wenig Schaden anrichtet und in seiner symbolischen Funktion sowohl als kollektive Verurteilung des Verhaltens eines Staates als auch als Ausdruck von Handlungsbereitschaft geschätzt wird. Es war ursprünglich nur auf Staaten und nicht auf Bürgerkriegssituationen gemünzt, in denen der staatliche Adressat nicht mehr funktionsfähig ist, oder gar auf die Bedrohung durch transnationale Terrororganisationen.

Aber bereits im Fall von Diktaturen wird die Wirksamkeit nichtmilitärischer Sanktionen fraglich. Ihre Effektivität setzt nämlich auf einen Wirkungsmechanismus, bei dem die mit Sanktionen belegte Regierung von der darunter leidenden Bevölkerung unter Druck gesetzt werden können muss. Dies setzt aber voraus, dass das betroffene Regime überhaupt Spielräume dafür lässt. Im ungünstigsten Fall kann es sogar dazu kommen, dass sich die Bevölkerung mit dem Regime solidarisiert. Sanktionen wären dann nicht nur nutzlos, sondern sie würden ab einer bestimmten Schwelle von humanitären Kosten bei der betroffenen Bevölkerung auch ihre Legitimität einbüßen und damit die Reputation der Vereinten Nationen beschädigen.

Nichtmilitärische Sanktionen haben ihre Ziele bisher meistens verfehlt. So konnten mit dem nach 1990 gegen den Irak verhängten umfassenden Außenhandelsverbot, das nur Ausnahmen bei Nahrungsmitteln *(«oil for food»)* und humanitären Gütern erlaubte, weder die Befreiung Kuwaits noch die Entwaffnung des Irak noch ein Regimewechsel erreicht werden. Erst die Drohung mit gezielten Militärschlägen brachte die Inspektion der im Irak vermuteten Massenvernichtungswaffen voran, und erst mit der Durchführung militärischer Zwangsmaßnahmen wurden die drei genannten Ziele erreicht. Daraus könnte man den Schluss ziehen, dass nichtmilitärische Sanktionen zumindest gegenüber diktatorischen Regimen erst dann die beabsichtigten Wirkungen entfalten, wenn sie im Schatten der glaubhaften Androhung von militärischen Zwangsmaßnahmen erfolgen.

Mit noch viel größeren Effektivitätsproblemen sind allerdings Sanktionen konfrontiert, die gegenüber privaten Bürgerkriegsparteien oder Terroristen verhängt werden. Lassen sich kaum lokalisierbare Akteure überhaupt mit dem Sanktionsapparat der Vereinten Nationen treffen und noch dazu, ohne die territoriale Integrität eines Staates zu verletzen oder dessen Zivilbevölkerung Schaden zuzufügen? Um diesen Anforderungen zu genügen, müssten sich nichtmilitärische Sanktionen als Nadelstiche *(«smart sanctions»)* möglichst gezielt gegen bestimmte Adressaten richten. Prinzipiell können auch nichtstaatliche Gruppierungen und Individuen mit dem Einfrieren von Auslandskonten oder Ausreiseverboten ins Visier genommen werden. Damit ließe sich sogar die zwischenstaatliche Ebene durchbrechen, ohne die territoriale Integrität von Staaten zu verletzen.

Allerdings bleibt die Effektivität von nichtmilitärischen Sanktionsmaßnahmen sowohl gegen Staaten als gegen private Akteure auf die Bereitschaft und die Fähigkeit aller Staaten angewiesen, insbesondere den Haupthandelspartnern eines mit Sanktionen belegten Staates, möglichst lückenlos für die Einhaltung der verhängten Maßnahmen zu sorgen. Das kann mit hohen Kosten verbunden sein und die Kapazitäten von Staaten überfordern, die nicht in der Lage sind, eine effektive Kontrolle über ihr Hoheitsgebiet auszuüben. Aber gerade dabei dürfte es sich um genau die Staaten handeln, auf deren Territorium sich die privaten Kriegsherren und terroristischen Gruppen, denen die Sanktionen gelten, am ehesten aufhalten werden.

In einer zusammenfassenden Würdigung der Bedeutung von UNO-Sanktionen für die Wahrung der internationalen Sicherheit sollten die Erwartungen nicht zu hoch angesetzt werden. Das Instrument der Sanktion wird wohl vor allem dann Wirksamkeit entfalten, wenn es in Kombination mit Anreizen und anderen – sei es präventiven, repressiven oder nachsorgenden – Instrumenten eingesetzt wird, die sich in ihrer Wirkung gegenseitig verstärken. In ein solches Gesamtkonzept eingebettet würden Sanktionen allerdings viel von ihrer Attraktivität einbüßen, weil sich die Kosten für diejenigen, die sie beschließen, durch Präventions- und Nachsorgemaßnahmen erheblich erhöhen würden. Solange sich isolierte Sanktionsmaßnahmen aber nicht gegen die Ursachen eines Konflikts richten, sondern nur gegen bestimmte, aus ihm heraus entstandene und für die Staatengemeinschaft nicht tolerierbare Verhaltensweisen, wird ihre Wirkung gering bleiben.

2. Die Herausforderung durch den transnationalen Terrorismus

Der grenzüberschreitende Terrorismus stellt eine neue Form der Sicherheitsgefährdung für die Staatenwelt dar, die zumeist mit dem auf viele Länder verstreuten und global vernetzten Terrorunternehmen Al Qaida gleichgesetzt wird. Allerdings ist der Terrorismus nicht erst durch Al Qaida auf die Tagesordnung der Vereinten Nationen gelangt. Seit Beginn der sechziger Jahre gab es immer wieder Resolutionen der Generalversammlung und des Sicherheitsrats zur Terrorismusbekämpfung. Der von 1973 bis zu seiner Auflösung im Jahr 1979 bestehende Ad hoc-Ausschuss der Generalversammlung zur Terrorismusbekämpfung scheiterte an der Aufgabe, sich auf eine umfassende internationale Konvention gegen den Terrorismus zu verständigen. Stattdessen wurden bis zum Jahr 2002 zwölf internationale Übereinkommen ausgehandelt. Diese haben jeweils spezifische terroristische Aktivitäten oder diese ermöglichende Voraussetzungen zum Gegenstand sowie den Schutz der internationalen Zivilluftfahrt vor Geiselnahmen, Sprengstoffattentaten und ähnlichen terroristischen Akten, die Sicherheit auf See oder den in der IAEO im Jahr 1980 vertraglich geregelten Schutz von Kernmaterial. Zu den bedeutenderen allgemeinen Konventionen sind das Internationale Übereinkommen zur Bekämpfung terroristischer Bombenanschläge (1997, in Kraft seit 2001) und das Internationale Übereinkommen zur Bekämpfung der Finanzierung des Terrorismus (1999, in Kraft seit 2002) zu zählen. In diesen Übereinkommen verpflichten sich die Staaten, Rechtsvorschriften zur strafrechtlichen Verfolgung der jeweils genannten Straftaten zu erlassen.

Bemerkenswert ist, dass trotz all dieser Übereinkommen zur Terrorismusbekämpfung bisher keine Einigkeit darüber besteht, wie «Terrorismus» eigentlich zu definieren ist. Die Gründe dafür liegen in der unterschiedlichen politischen Bewertung. Als Terrorismusbekämpfung deklariert, ließe sich jedes gewünschte, aber rechtlich umstrittene staatliche Vorgehen etwa gegen Widerstandskämpfer, Separatisten oder Asylsuchende bequem legitimieren und damit zugleich der Legitimitätsanspruch dieser Gruppen bestreiten. So diente die Terrorismusbekämpfung nach dem 11. September 2001 zahlreichen Regierungen als Begründung, um bürgerliche Grundfreiheiten einzuschränken. Die extra-legale und extra-territoriale Inhaftierung «feindlicher Kombattanten» durch die USA in Guantanamo Bay ist dafür wiederum nur ein besonders drastisches Beispiel. Umgekehrt besteht etwa im Nahost-Konflikt bei den Gegnern Israels ein Interesse daran, den palästinensischen Widerstand gegen die israelische Besetzung nicht unter den Tatbestand des Terrorismus zu subsumieren. Eine weitere Komplikation ergibt sich aus der gerade für diesen Konflikt charakteristischen Verwischung der Grenzen zwischen den Formen staatlicher und privater Gewaltanwendung durch den «Staatsterrorismus» – durch Verhaltensweisen also, die alle Merkmale eines Terroraktes tragen, außer dem, dass sie von privaten Akteuren ausgeübt werden. Diese «Merkmale eines Terroraktes» wurden von Generalsekretär Annan am 12. September 2001 vor der Generalversammlung so beschrieben: «Der einzige gemeinsame Nenner unter den verschiedenen Formen des Terrorismus ist der kalkulierte

Einsatz tödlicher Gewalt gegen Zivilpersonen aus politischen Gründen.»

Der 11. September führte natürlich auch innerhalb der UNO zu einer Wiederbelebung der Debatte darüber, wie sich der transnationale Terrorismus wirksam bekämpfen lässt. Als unmittelbare Reaktion auf die Anschläge auf das World Trade Center und das Pentagon schlug der Sicherheitsrat mit seinen Resolutionen 1368 vom 12. September 2001 und 1373 vom 28. September 2001 ein neues Kapitel der internationalen Terrorismusbekämpfung auf, indem er terroristische Akte ausdrücklich als Bedrohungen der internationalen Sicherheit gemäß Kapitel VII der Charta definierte, gegenüber denen das Recht zur individuellen oder kollektiven Selbstverteidigung in Anspruch genommen werden kann. Er verpflichtete in einem quasi-legislativen Akt alle Mitgliedstaaten rechtlich verbindlich auf einen umfassenden Maßnahmenkatalog zur Terrorismusbekämpfung. Kein Staat darf danach terroristische Aktivitäten gegen einen anderen Staat unterstützen, weder durch finanzielle Unterstützung noch durch das Gewähren von Unterschlupf. Als ein Nebenorgan des Sicherheitsrats wurde der Anti-Terrorismus-Ausschuss (*Counter Terrorism Committee*, CTC) eingesetzt, dem alle 15 Sicherheitsratsmitglieder angehören. Er nimmt Berichte der Staaten über die Maßnahmen an, die sie zur Kontrolle terrorismusverdächtiger Personen oder zur Unterbindung der Finanzströme oder Waffenlieferungen an terroristische Gruppen getroffen haben, und wertet sie aus. Die Resolutionen des Sicherheitsrats und der Generalversammlung zur Terrorismusbekämpfung richteten sich nicht allein an die potenziellen «Hintergrundstaaten». Auch die übrigen Staaten wurden aufgefordert, ihre Grenzkontrollen zu verstärken oder in internationalen Behördennetzwerken ihre Erfahrungen untereinander auszutauschen.

Auch bei der Terrorismusbekämpfung waren die Vereinten Nationen mit ihren strukturellen Grenzen konfrontiert. Die UNO musste den grenzüberschreitenden Terrorismus wie jedes andere nichtstaatliche Problem zuerst einmal «verstaatlichen», um ihr Instrumentarium überhaupt in Anschlag bringen zu können. Sie konnte bei der Terrorismusbekämpfung auf die Terrornetzwerke nicht direkt zugreifen, sondern lediglich die Staaten, auf deren Territorium sich diese vermutlich aufhielten und von dem aus sie ihre Operationen planten, zu Regelungsadressaten machen.

Diesem Missverhältnis ist der Sicherheitsrat schon seit dem Ende der neunziger Jahre mit einer bemerkenswerten Aufweichung des Grundsatzes der Souveränität und territorialen Integrität der Staaten begegnet. Dies wird besonders deutlich an den Resolutionen 1267 vom 15. Oktober 1999 und 1333 vom 19. Dezember 2000, in denen es um ein Luftverkehrs-, Finanz- und Waffenembargo gegen das afghanische De facto-Regime der Taliban ging. In diesen Resolutionen wurden die Taliban aufgefordert, innerhalb der von ihnen kontrollierten Gebiete mit dem Programm der Vereinten Nationen für internationale Drogenkontrolle zusammenzuarbeiten. Es wurde gefordert, Usama bin Laden weder Unterschlupf zu gewähren noch das Betreiben von Ausbildungslagern für Terroristen zu erlauben, sondern ihn festzunehmen und an die USA auszuliefern. Damit mischte sich der Sicherheitsrat nicht nur in eine innerstaatliche Angelegenheit Afghanistans ein, sondern räumte einer von ihm ausdrücklich nicht als staatliche Vertretung Afghanistans anerkannten Gruppierung als dem Adressaten einer zwischenstaatlichen Resolution de facto den Status eines zumindest passiven Völkerrechtssubjekts mit bestimmten völkerrechtlichen Rechten und Pflichten ein.

Die im Oktober 2001 eingesetzte *Policy Working Group on the UN and Terrorism* setzte an einem weiteren Schwachpunkt einer rein zwischenstaatlichen Terrorismusbekämpfung an. Die Arbeitsgruppe schlug vor, die unmittelbaren Einflussmöglichkeiten nichtstaatlicher Akteure gezielt zu nutzen, um durch eine Einwirkung auf potenzielle Sympathisanten dem Terrorismus seinen gesellschaftlichen Nähr- und Resonanzboden zu entziehen bzw. in die Netzwerke des Terrorismus selbst einzudringen. Dieser Strategie liegt die Annahme zugrunde, dass transnationalen Netzwerken nur beizukommen ist, wenn sich auch ihre Bekämpfung der Netzwerkbildung bedient. Es ist kein Zufall, dass auch diese Initiative auf Generalsekretär Annan zurückgeht, der schon mit dem Globalpakt die Bildung öffentlich-privater Politiknetzwerke propagiert hatte. Nur wenn es der UNO gelingen wird, sich in diese Richtung weiter zu öffnen, wird sie die für die nichtstaatlichen Problemstellungen benötigten nichtstaatlichen Antworten finden können. Dies betrifft auch das Erfordernis, bei Strategien zur Wahrung des Friedens auf die gesellschaftlichen Problemlösungsressourcen zurückzugreifen.

Mit dem Bild von der UNO als einer zwischenstaatlichen Organisation, zumal als einem Instrument in den Händen der mächtigen Staaten, wäre es allerdings kaum vereinbar, wenn die Staaten zur Abwehr der terroristischen Bedrohung nun daran gingen, ihre «Macht» mit privaten Akteuren zu teilen. Allein das Modell der Vereinten Nationen als ein eigenes Netzwerk sektoraler, globaler Verhandlungsforen ließe Raum für die Vorstellung, private Akteure quasi «offiziell» in die Bekämpfung des transnationalen Terrorismus einzubinden. Insofern dürfte die weitere Entwicklung der politischen Strategieansätze gerade in diesem Politikbereich ein besonders aufschlussreiches Anschauungsbeispiel dafür bieten, in welche Richtung sich die Vereinten Nationen weiterentwickeln werden: in die einer immer stumpfer werdenden Waffe, die die Staaten aber nicht aus der Hand geben wollen, oder in die eines offenen globalen Problemlösungsunternehmens, dessen Ziel in einer möglichst erfolgreichen Bewältigung grenzüberschreitender Herausforderungen besteht – selbst um den Preis einer Schmälerung staatlicher Autonomiespielräume und einer prinzipiellen Aufweichung des Unterschieds zwischen staatlichen und nichtstaatlichen Akteuren.

3. Kriegsvermeidung durch Rüstungskontrolle und Abrüstung: die Nichtverbreitung von Massenvernichtungswaffen

Mit den Artikeln 11 und 26 der Charta werden die Generalversammlung und der Sicherheitsrat beauftragt, Grundsätze und Pläne für die Abrüstung und Rüstungsregelung aufzustellen, auszuarbeiten und den Mitgliedstaaten vorzulegen. Es ist aufschlussreich, in welchen Bereichen sich die Bemühungen um Rüstungskontrolle und Abrüstung innerhalb und in welchen Bereichen sie sich außerhalb der Vereinten Nationen abspielten. Zwar gab es 1978, 1982 und 1988 UN-Sondergeneralversammlungen über Abrüstungsfragen und standen mit der Abrüstungskommission der Generalversammlung und der von den Vereinten Nationen formell unabhängigen, aber faktisch eng mit ihnen verbundenen ständigen Genfer Abrüstungskonferenz multilaterale Verhandlungsorgane bereit. Dennoch zogen die USA und die Sowjetunion bilaterale Verhandlungen oder Verhandlungen unmittelbar zwischen den Militärbündnissen solchen im Rahmen der Vereinten Nationen zumeist vor. Multilaterale Übereinkommen im Rahmen der Genfer Abrüstungskonferenz strebten die Weltmächte vor allem dann an, wenn es um ihr gemeinsames Interesse daran ging, den eigenen Rüstungsvorsprung gegenüber anderen Staaten zu konservieren und zugleich deren Zustimmung dazu sicherzustellen.

Einen Paradefall dafür stellt der Vertrag über die Nichtverbreitung von Kernwaffen (NVV) dar, der am 5. März 1970 in Kraft trat. Er regelt die Nichtweitergabe von Atomwaffen, die nukleare Abrüstung und die Zusammenarbeit auf dem Gebiet der zivilen Nutzung der Kernenergie. Nach einigen erfolglosen Anläufen, ein internationales Übereinkommen zur vollständigen Abschaffung von Kernwaffen auf den Weg zu bringen, hatte sich die Generalversammlung darauf verlegt, wenigstens deren Verbreitung einzudämmen. Nach dreijährigen Vorbereitungsarbeiten legte der in Genf tagende «18-Mächte-Ausschuss» (der Vorläufer der Genfer Abrüstungskonferenz) im Jahr 1968 der Generalversammlung einen Vertragsentwurf vor, der dann zwei Jahre später in Kraft trat. Dem NVV gehören gegenwärtig 187 Mitglieder an. Nicht zu den Vertragsstaaten zählen allerdings mit Indien, Pakistan und Israel mindestens drei Staaten, die als inoffizielle Kernwaffenbesitzer gelten. Auch unter den Mitgliedern befinden sich, nachdem Libyen und der Irak ihre Atomrüstung inzwischen einstellten, mit Nordkorea und dem Iran immer noch mindestens zwei Länder, deren Regierungen im Verdacht stehen, an heimlichen Atomwaffenprogrammen zu arbeiten. Nordkorea machte 2003 von der Möglichkeit Gebrauch, seine Mitgliedschaft im NVV aufzukündigen.

Das friedenspolitische Ziel des NVV bestand vordergründig darin, die Gefahr einer weltweiten Verbreitung von Kernwaffen zu bannen. Darin war jedoch noch ein anderes, machtpolitisches Ziel versteckt, das die beiden Initiatoren des nuklearen Nichtverbreitungsregimes, die USA und die Sowjetunion, bei allen sonstigen Differenzen stets verband: die Erhaltung eines internationalen Status quo, der ihnen und einigen wenigen «zuverlässigen» Staaten, die nicht von ungefähr identisch sind mit den übrigen drei ständigen Mitgliedern des Sicherheitsrats, den Besitz von Kernwaffen erlaubte, während er allen übrigen Staaten verboten bleiben sollte. Der NVV sollte eine nukleare Zweiklassengesellschaft innerhalb der Staatenwelt zementieren, die aus (legitimen) Kernwaffenbesitzern und Nichtkernwaffenstaaten bestand.

Die Verpflichtungen der Vertragsparteien unterscheiden sich entsprechend dem ihnen jeweils zugebilligten Status. Für die offiziellen Atommächte ergeben sich zwei Verpflichtungen: das Verbot der Weitergabe von Kernwaffen an Nichtkernwaffenstaaten sowie eine, allerdings sehr viel unverbindlichere, nukleare Abrüstungsverpflichtung. Die Nichtkernwaffenstaaten erhalten Zugang zur zivilen Nutzung der Kernenergie und verpflichten sich, auf den Erwerb, die Herstellung und den Einsatz von Kernwaffen zu verzichten. Sie unterwerfen sich einem internationalen Kontrollregime, in dessen Mittelpunkt das Inspektionssystem der Internationalen Atomenergie-Organisation (IAEO) steht. Diese kann unangemeldete Inspektionen durchführen, Staaten im Fall von Regelverstößen zur Regeleinhaltung auffordern und, wenn sie dieser Aufforderung nicht nachkommen, den Fall an den Sicherheitsrat überweisen.

Während hinsichtlich des Erreichens der beiden Vertragsziele Nichtweitergabe und zivile Nutzung durchaus von einer Erfolgsgeschichte gesprochen werden kann – immerhin stellten Argentinien, Brasilien und Südafrika die Entwicklung von Atomwaffen ein –, gab es bei der nuklearen Abrüstung lange Zeit kaum Fortschritte. Als im Jahr 1995 der NVV auf unbegrenzte Zeit verlängert und damit auch der privilegierte Status der fünf Kernwaffenstaaten auf Dauer festgeschrieben werden sollte, machten die Nichtkernwaffenstaaten ihre Bereitschaft dazu ausdrücklich davon abhängig, dass die Kernwaffenstaaten ihrer Abrüstungsverpflichtung in Zukunft ernsthafter nachkommen würden als bisher. Erst auf der Sechsten Überprüfungskonferenz, die vom 24. April bis zum 20. Mai 2000 in New York stattfand, kam es zu einem Durchbruch auch bei der Selbstverpflichtung der Atommächte. Sie rückten von ihrer bisherigen Position ab, ihre atomare Abrüstung lediglich als ein Fernziel anzuerkennen, dessen Verwirklichung von einer vollständigen allgemeinen Abrüstung abhängig sei. Stattdessen bekannten sie sich zum Ziel einer kernwaffenfreien Welt und stimmten der Auffassung zu, dass es sich bei den weltweiten Kernwaffenarsenalen um ein dauerhaftes Risiko für die Menschheit handelt.

Trotz dieses Fortschritts bleibt das nukleare Nichtverbreitungsregime unvollständig und in mehrfacher Hinsicht gefährdet. Gegenüber kooperationsunwilligen Staaten ist kein berechenbares Vorgehen zu erkennen. Im Fall des Irak setzten die USA sich 2003 mit einer militärischen Intervention sogar über den Sicherheitsrat hinweg, während sie im Fall Nordkoreas den Verhandlungsweg beschritten und sich ihrerseits Zugeständnisse abringen ließen. Diese Ungleichbehandlung unterstreicht ein weiteres Mal, wie sehr die Handlungsfähigkeit des in beiden Fällen eigentlich zuständigen Sicherheitsrats von der Handlungsbereitschaft seiner ständigen Mitglieder abhängig ist.

Der Irak-Krieg war allerdings noch in einer anderen Hinsicht aufschlussreich: Der Sicherheitsrat konnte in diesem Fall die USA zwar nicht von ihrem militärischen Alleingang bei der Suche nach den irakischen Massenvernichtungswaffen abhalten, andererseits gelang es aber auch dem vermeintlichen Hegemon USA nicht, die UNO als hegemoniales Machtinstrument für seine Interessen einzuspannen. Erfolgreich bewährt haben sich die Vereinten Nationen hingegen im Vorfeld des Irak-Krieges in ihrer Rolle als Verhandlungssystem. Durch die öffentlichen Debatten im Sicherheitsrat wurde eine hohe Transparenz geschaffen, und vor den Augen der Welt mussten die USA und Großbritannien die Grenzen ihrer Überzeugungskraft zur Kenntnis nehmen. Berücksichtigt man noch die Probleme, auf die die «Koalition der Willigen» bei dem Versuch stieß, im Irak auf eigene Faust einen demokratischen Wiederaufbau zu organisieren, dann könnte daraus sogar der generelle Schluss gezogen werden, dass die weltpolitische Gesamtkonstellation inzwischen eine Komplexität erreicht hat, die es keinen noch so potent erscheinenden Führungsmächten mehr erlaubt, ihre Ziele im Alleingang durchzusetzen. Wenn sich diese Erkenntnis verbreitet, wäre der Sicherheitsrat, und wären die Vereinten Nationen insgesamt, sogar gestärkt aus ihrer vermeintlichen Niederlage im Zusammenhang mit dem Irak-Krieg hervorgegangen.

Im Bereich der vertraglichen Kontrolle der Verbreitung von Massenvernichtungswaffen sind neben dem NVV noch das Chemiewaffen-Übereinkommen (CWÜ) zu erwähnen, das 1993 im Rahmen der Genfer Abrüstungskonferenz vereinbart wurde und im Jahr 1997 in Kraft trat, sowie das Biowaffen-Übereinkommen (BWÜ), das am 10. April 1972 verabschiedet wurde und seit 1975 in Kraft ist. Im Unterschied zu der voluminösen Chemiewaffenkonvention umfassen die 15 Artikel des BWÜ allerdings nur wenige Seiten und sehen vor allem keine Verifikationsmaßnahmen vor. Im Mai 2001 scheiterte der Versuch, auch für bakteriologische und toxische Waffen ein dem CWÜ vergleichbares Überwachungs- und Durchsetzungssystem zu schaffen, an den USA. Diese zogen sich aus den Verhandlungen zu einem Zeitpunkt zurück, zu dem sie die Weigerung des Irak, sich dem Inspektionssystem der IAEO zu unterwerfen, zu einem Kriegsgrund machten.

Auch bei der Kontrolle des Erwerbs von Massenvernichtungswaffen weisen die zwischenstaatlichen Übereinkommen aufgrund der sich vollziehenden Privatisierung der Bedrohung eine offene Flanke auf. Der Zusammenbruch der Sowjetunion öffnete zusammen mit der Erosion staatlicher Ordnungsstrukturen und dem Auftreten des transnationalen Terrorismus die reale Gefahr eines weder staatlich noch zwischenstaatlich kontrollierbaren Erwerbs solcher Waffen durch private Akteure. Inzwischen ist es zu einer durchaus realistischen Vorstellung geworden, dass auch terroristische Organisationen in den Besitz von Massenvernichtungswaffen gelangen könnten. Dabei dürfte nicht nur von biologischen und chemischen Waffen, sondern aufgrund ihrer leichteren Zugänglichkeit und Nutzbarkeit auch von nichtstrategischen Nuklearwaffen ein besonderer Anreiz ausgehen.

Vor diesem Hintergrund müssen es die Vereinten Nationen gleichzeitig mit drei sich gegenseitig verstärkenden Tendenzen aufnehmen: zum einen mit dem wahrscheinlicher gewordenen Erwerb von Massenvernichtungswaffen durch kooperationsunwillige Staaten; zum anderen dem möglichen Erwerb solcher Waffen durch terroristische Organisationen; und zum dritten mit dem Zerfall staatlicher Ordnungsstrukturen. Letzterer versperrt den von den Vereinten Nationen bisher beschrittenen Weg, die Verbreitung von Massenvernichtungswaffen an private Akteure mittelbar über die Verpflichtung der Regierungen derjenigen Staaten zu kontrollieren, von deren Territorium aus sie operieren. Selbst kooperationswillige Staaten sind möglicherweise gar nicht zu einer effektiven Kontrolle des Erwerbs von waffenfähigem Material durch terroristische Gruppierungen in der Lage und bedürfen der internationalen Unterstützung. Die Vereinten Nationen scheinen zwar heute gegenüber hegemonialen Instrumentalisierungsversuchen einigermaßen resistent zu sein. Mit dem um sich greifenden Staatsversagen droht ihnen jedoch eine wichtige Säule ihrer Funktionsfähigkeit wegzubrechen.

4. Staatenreparatur und Demokratisierung: die Friedensmissionen der Vereinten Nationen vor neuen Aufgaben

Zu denjenigen Entwicklungen, die von den Gründern der Vereinten Nationen wahrscheinlich am wenigsten antizipiert wurden, zählt ohne Zweifel die heutige Praxis der Entsendung von Friedensmissionen. Nicht allein die Tatsache selbst, dass sich das Instrument der Blauhelme-Einsätze nirgendwo in der Charta finden lässt, sondern vor allem die sukzessive Ausweitung des Aufgabenkatalogs, der Einsatzmittel und der Einsatzgrundsätze konnte kaum vorhergesehen werden. Sie offenbart aufs Neue, in welchem Umfang die Bewältigung innerstaatlicher Konflikte der klassischen Aufgabe der Vereinten Nationen, Streitigkeiten zwischen Staaten beizulegen, inzwischen den Rang abgelaufen hat. Die schutzbedürftigen Adressaten der Friedensmissionen sind heute kaum noch Staaten, aber immer häufiger deren Bevölkerungen. Mit dieser Neubestimmung der Sicherheitsproblematik als existenzielle Bedrohung des einzelnen Menschen sind die Grenzen zwischen den sicherheitspolitischen und den humanitären Aufgaben und Einsätzen der Vereinten Nationen verschwommen, mitsamt der Regeln, denen sie jeweils folgen sollten.

Das klassische *peace-keeping* galt der Überwachung von Waffenstillständen oder der Einrichtung von Pufferzonen zwischen den Konfliktparteien. Es erfolgte auf Beschluss des Sicherheitsrats, setzte die Zustimmung aller Konfliktbeteiligten voraus und beschränkte sich auf leichtbewaffnete militärische Einheiten, Polizisten oder ziviles Personal, die von den Mitgliedstaaten, aber – um die Akzeptanz zu erhöhen – nie von den Großmächten bereitgestellt wurden. Der Einsatz von Waffengewalt durfte lediglich der Selbstverteidigung dienen. Die vermeintliche Neutralität der Einsätze muss allerdings ebenso wie die Vorstellung, dass es sich dabei nicht um Interventionen handelt, als eine Fiktion betrachtet werden. Mit ihrer Aufgabe, die streitenden Parteien auseinander zu halten und eine Ausweitung des Konflikts zu vermeiden, um zur Stabilisierung der Konfliktsituation beizutragen, ergriffen Friedensmissionen schon immer auch und unausweichlich Partei – für die Stabilisierung des Status quo. Die Blauhelme wurden nur in solchen Konflikten eingesetzt, in denen sich bereits eine Annäherung zwischen den Konfliktparteien abzeichnete. Sonst hätten diese der Entsendung auch kaum zugestimmt, außerdem hätten sich die kaum bewaffneten Friedenstruppen der Gefahr ausgesetzt, selbst zur Zielscheibe zu werden.

Seit der Entsendung der ersten Beobachtermission zur Überwachung des Waffenstillstands zwischen Israel und seinen Nachbarn (UNTSO) im Jahr 1948 sind die *peace-keeping oper-*

ations der Vereinten Nationen in ihrem Umfang, ihren Funktionen, aber vor allem hinsichtlich ihrer Geschäftsgrundlagen in völlig neue Dimensionen vorgestoßen. Damit haben sie die UNO allerdings auch an den Rand der politischen und finanziellen Leistungsfähigkeit geführt. Im September des Jahres 2004 waren über 62 000 Soldaten aus über 100 Mitgliedstaaten in 16 gleichzeitig laufenden UNO-Friedensmissionen im Einsatz. Hinzu kamen im Zivilbereich weitere 10 000 Personen. Die größten Kontingente umfassten die UNMIL-Mission in Liberia (über 16 000), die UNAMSIL-Mission in Sierra Leone (über 12 000) und die MONUC-Mission in der Demokratischen Republik Kongo (ebenfalls über 12 000).

Solange sich die friedenssichernden Operationen auf Einsätze beschränkten, bei denen die Konfliktparteien bereits gewillt waren, einen zwischen ihnen bestehenden Konflikt nicht weiter eskalieren zu lassen, reichte die klassische Geschäftsgrundlage der Blauhelme-Einsätze («mit Zustimmung und ohne Gewalt») noch aus, ebenso für Einsätze mit dem Ziel der Friedenskonsolidierung nach erfolgreicher Beendigung eines Konflikts (*peace-building*). Diese Geschäftsgrundlage genügte jedoch schon nicht mehr für erweiterte Friedenssicherungsmissionen zur militärischen Absicherung von humanitären Hilfstransporten und bot erst recht keine Möglichkeiten mehr für humanitäre Interventionen zum Schutz von Bevölkerungen in Bürgerkriegssituationen, wie die Vereinten Nationen in Somalia und im früheren Jugoslawien schmerzlich erfahren mussten.

Da es dazu keine Chartabestimmungen gab und gibt, machte der Sicherheitsrat zunehmend von der Möglichkeit Gebrauch, von der ursprünglichen Praxis des *peace-keeping* abweichende Entsenderichtlinien zu beschließen. Dabei ist es in der Zwischenzeit zu einer völligen Umkehrung der ursprünglichen Geschäftsgrundlage der Friedensmissionen gekommen. Sie finden immer häufiger unter Anwendung von Gewalt und auch ohne Zustimmung der Konfliktparteien statt. Von dem ursprünglichen Modell der Blauhelme-Einsätze denkbar weit entfernt sind die Grenzen zwischen *peace-keeping* und militärischer Intervention in der Praxis fließend geworden.

In aller Regel entsenden die Vereinten Nationen heute Friedenstruppen in Bürgerkriegsregionen, die entweder vom völligen Zusammenbruch jeglicher effektiven staatlichen Ordnung gekennzeichnet sind oder in denen der Staatsapparat zur Beute privater Kriegsherren geworden ist. Im Rahmen des *post-conflict-peace-building* kommen dabei häufig auch anspruchsvolle nachsorgende Aufgaben auf die Friedensmissionen zu. Die Wiederherstellung einer funktionierenden staatlichen Ordnung war die wesentliche Aufgabe etwa der UNO-Missionen in Osttimor, Somalia, Kosovo, Afghanistan und im Irak. In bisher zwei Fällen, Ruanda und dem ehemaligen Jugoslawien, wurden solche Friedensmissionen sogar durch die Einrichtung von internationalen Ad hoc-Strafgerichtshöfen flankiert.

Die Demokratisierungshilfe der Vereinten Nationen im Kosovo findet seit 1999 statt und ist in die Aktivitäten der Übergangsverwaltungsmission UNMIK eingebettet. Auf dem Weg zur Staatenbildung lagen dort zunächst sämtliche Hoheitskompetenzen in der Hand der UNO-Verwaltung, die diese Schritt für Schritt an die örtlichen Behörden übergeben sollte. Die insgesamt gar nicht einmal erfolglosen Bemühungen, im Kosovo eine funktionierende Selbstverwaltung mit demokratischen Strukturen aufzubauen, litten dennoch von Anfang an unter der Verweigerungshaltung der serbischen Minderheit. Hinzu kamen ein unklares Ziel, das Fehlen einer langfristigen Perspektive und Versäumnisse bei der Stärkung und Einbindung der zivilgesellschaftlichen Kräfte als weitere Gründe dafür, dass die Demokratisierungserfolge hinter den Erwartungen zurückblieben.

Dem UNO-Engagement in dem von seinen indonesischen Besatzern in Trümmern hinterlassenen Osttimor ist ebenfalls ein gewisser Erfolg zu bescheinigen. Dennoch wurden auch hier die Schwierigkeiten deutlich, die mit dem Versuch verbunden sind, einem Land ohne substanzielle Einbindung der Bevölkerung ein bestimmtes Demokratiemodell überzustülpen. Der Grundwiderspruch zwischen Selbstbestimmung auf der einen Seite und einer Demokratisierung von außen andererseits ist allerdings auch nur schwer aufzulösen. Afghanistan und der Irak akzentuieren die Probleme, die vor diesem Hintergrund zusätzlich noch dann entstehen, wenn die Vereinten Nationen im Gefolge von Besatzungsmächten auf den Plan treten, deren Akzeptanzprobleme sich auf die UNO übertragen. Im Fall des Irak hat der Sonderbeauftragte des Generalsekretärs, de Mello, vor genau diesem Hintergrund sein Engagement mit dem Leben bezahlen müssen. Trotz solcher gemischten Erfahrungen wird die Demokratisierungshilfe auf der Agenda der Vereinten Nationen einen festen Platz behalten müssen, allein schon als das notwendige Korrektiv zu fragwürdigen nationalstaatlichen «Demokratisierungs-Kreuzzügen». Die Erwartungen daran sollten allerdings nicht zu hoch gespannt werden. In den meisten Fällen dürfte es bereits als Erfolg gewertet werden, wenn von der ambitionierten Zielsetzung, Sicherheit und stabile demokratische Verhältnisse herzustellen, wenigstens die Ziele Sicherheit und Stabilität erreicht werden. Versucht man, eine Erfolgsbilanz der Friedensmissionen der Vereinten Nationen aufzumachen, so zeigen die bisherigen Erfahrungen, dass der UNO gerade in der Konfrontation mit kooperationsunwilligen Konfliktparteien durchsetzungsfähige Machtmittel zur Verfügung gestellt werden müssen. Solange diese Anforderung immer wieder nur auf die USA zuläuft und die übrigen Staaten nicht dazu bereit sind, ihre Rolle zu übernehmen, wird allerdings jeder Intervention der Makel der interessegeleiteten Selektivität und Zufälligkeit anhaften.

V. Staatliche Souveränität und der internationale Schutz der Menschenrechte

Wenn die Lage der Menschenrechte in der Welt die Aufmerksamkeit der Öffentlichkeit auf sich zieht, dann verbindet sich damit in der Regel weniger der Name der Vereinten Nationen, sondern der von Menschenrechtsorganisationen wie *Amnesty International* oder *Human Rights Watch*. Ihren regelmäßigen Appellen entnehmen wir, dass die Folter in etwa der Hälfte aller Staaten immer noch an der Tagesordnung ist und in über 160 Staaten Menschenrechte verletzt werden. Das scheint nicht gerade für eine besonders hohe Wirksamkeit des internationalen Menschenrechtsschutzes zu sprechen. Die weltweite Menschenrechtssituation hat sich in den letzten Jahren sogar noch dadurch verschlechtert, dass mit dem Zerfall der staatlichen Ordnung selbst in Ländern, in denen der Staat zuvor die Menschenrechte geachtet hat, die Menschen nun der Willkür von privaten Kriegsherren schutzlos ausgeliefert sind. Bedrohungen der Menschenrechte und der menschlichen Sicherheit gehen fließend ineinander über, seit sich das Kriegsgeschehen immer mehr informalisiert hat und der Krieg als ein offiziell erklärter «Rechtszustand» kaum noch in Erscheinung tritt. Deshalb hat auch die Unterscheidung zwischen dem humanitären Völkerrecht, das Individuen in Kriegen und bewaffneten Konflikten schützen soll, und dem internationalen Menschenrechtsschutz, dessen Aufgabe im Schutz vor staatlicher Willkür in Friedenszeiten besteht, an Trennschärfe verloren.

Das Gebot der Nichteinmischung in die inneren Angelegenheiten (Artikel 2 der Charta) macht den Schutz des Staates vor äußeren Eingriffen zu einer zentralen Aufgabe der Vereinten Nationen. Vor diesem Hintergrund ist es alles andere als selbstverständlich, dass mit der internationalen Verantwortung für den Menschenrechtsschutz zugleich eine Norm auf die zwischenstaatliche Ebene gehoben wurde, die gerade auf die Einschränkung der Herrschaftsausübung einer Regierung gegenüber der eigenen Bevölkerung gerichtet ist. Die Subversivität dieser Norm, die in letzter Konsequenz natürlich Einmischung bedeutet, wenn ein Staat seinen menschenrechtlichen Verpflichtungen nicht nachkommt, schlägt sich in der gegenwärtigen Auseinandersetzung darüber nieder, ob die durch das Souveränitätsprinzip geschützten Staatenrechte weiterhin Vorrang vor den Menschenrechten haben sollen.

Dass dieser Zielkonflikt überhaupt auftreten konnte, lässt sich zu einem erheblichen Maß auf die bei Gründung der Vereinten Nationen noch sehr präsenten Gräueltaten im Vorfeld und im Verlauf des Zweiten Weltkriegs zurückführen. Die UNO-Charta stellte einen engen Zusammenhang her zwischen der Missachtung der Würde des Menschen im Innern eines Staates und der Bereitschaft dieses Staates, auch nach außen Gewalt anzuwenden und damit den Weltfrieden zu gefährden. Fragt man allerdings nach dem *Wie*, also nach den Durchsetzungsinstrumenten des internationalen Menschenrechtsschutzes, dann scheint es den Staaten zumindest lange Zeit erfolgreich gelungen zu sein, diesen Zielkonflikt im Sinne ihres eigenen Schutzes vor gravierenden äußeren Eingriffen für sich zu entscheiden. Allerdings könnte sich diese Einschätzung angesichts der Entwicklungen im Bereich der humanitären Interventionen und der internationalen Strafgerichtsbarkeit bald als überholt herausstellen.

Dabei spielt das Konzept der menschlichen Sicherheit eine wesentliche Rolle. Mit der Übergabe des Berichts der Internationalen Kommission über menschliche Sicherheit am 1. Mai 2003 an den UNO-Generalsekretär schaffte nicht nur dieses Konzept endgültig den Sprung auf die internationale Sicherheitsagenda, sondern damit rückte auch die Verantwortung für den internationalen Menschenrechtsschutz ein weiteres Stück näher an den Zuständigkeitsbereich des Sicherheitsrats heran.

Annans eigene programmatische Vorstellungen waren von einer deutlichen Akzentuierung der Souveränität des Individuums auf Kosten der Souveränität des Staates geprägt. In seiner Nobelpreisrede vom 10. Dezember 2001 stellt der Generalsekretär zum zukünftigen Auftrag der Vereinten Nationen fest, «dass der Friede nicht nur den Staaten und Völkern, sondern jedem einzelnen Mitglied dieser Gemeinschaften gehört. Die Souveränität der Staaten darf nicht länger als Schutzschild für schwere Menschenrechtsverletzungen missbraucht werden (...). Wenn Staaten die Herrschaft des Rechts untergraben und die Rechte ihrer Bürger verletzen, werden sie nicht nur für ihr eigenes Volk, sondern auch für ihre Nachbarn und nicht zuletzt für die ganze Welt zu einer Gefahr. Was wir heute brauchen, ist besseres Regieren – legitimes, demokratisches Regieren, das dem Einzelnen ermöglicht, sich voll zu entfalten, und dem Staat ermöglicht zu gedeihen.» Kofi Annan stellt damit Menschenrechtsverletzungen in einen unmittelbaren Zusammenhang mit der Gefährdung der internationalen Sicherheit, womit er die Legitimität der Praxis humanitärer Interventionen unterstreicht, für die es noch immer keine eigene völkerrechtliche Grundlage gibt.

I. Der völkerrechtliche Menschenrechtsschutz

In der Charta selbst erscheint das Ziel der Wahrung der Menschenrechte aufgrund seines Widerspruchs zum Prinzip der staatlichen Souveränität als ein Fremdkörper. Der internationale Menschenrechtsschutz findet zwar sowohl in der Präambel als auch in den Artikeln 1 und 55 Erwähnung, aber es fehlen jegliche Hinweise darauf, um welche Menschenrechte es sich handelt und wie sie geschützt werden sollen. Dem Sicherheitsrat oder auch dem IGH werden explizit keine diesbezüglichen Zuständigkeiten zugewiesen, allerdings wird die Generalversammlung in Artikel 13 vage zur Unterstützung von Maßnahmen aufgefordert, die zur Verwirklichung der Menschenrechte beitragen. Einzig Artikel 68 stellt konkret fest, dass der ECOSOC eine Kommission zur Förderung der Menschenrechte einsetzen soll. Mit dieser Zuordnung wird auch deutlich, warum sich die Weltfriedensorganisation UNO überhaupt mit diesem Thema zu befassen hat: Ohne die Wahrung der Menschenrechte ist der Zustand von Stabilität nicht zu haben, der als Voraussetzung für die friedlichen Beziehungen zwischen den Staaten betrachtet wird. Insofern kann von einem instrumentellen Menschenrechtsverständnis in der Charta gesprochen werden.

Für die völkerrechtliche Verankerung des Menschenrechtsschutzes ist die am 10. Dezember 1948 (dem «Tag der Menschenrechte») von der Generalversammlung verabschiedete Allgemeine Erklärung der Menschenrechte von grundlegender Bedeutung. Auch wenn sie keine förmliche Rechtsverbindlichkeit hat, so wurde mit ihr doch zum ersten Mal prinzipiell anerkannt, dass die innerstaatliche Herrschaftspraxis nicht in dem alleinigen Ermessen jeder einzelnen Regierung liegt. Die rechtsverbindliche Kodifizierung der Menschenrechte erfolgte mit dem Internationalen Pakt über bürgerliche und politische Rechte («Zivilpakt») und dem Internationalen Pakt über wirtschaftliche, soziale und kulturelle Rechte («Sozialpakt»). Diese wurden von der UNO-Menschenrechtskommission vorbereitet und im Jahr 1966 von der Generalversammlung gebilligt. Sie traten 1976 in Kraft und haben für die ihnen beitretenden Staaten bindende Wirkung.

Den Zivilpakt hatten bis zum Jahr 2004 152 Staaten ratifiziert. Er folgt einem westlich liberalen Menschenrechtsverständnis und soll bürgerliche und politische Grundrechte *vor* dem Staat schützen. Darunter zählen solche, die dem Schutz der individuellen menschlichen Existenz dienen, wie etwa das Recht auf Leben, weiterhin solche, die die Entfaltungsfreiheit des Einzelnen in der Gesellschaft betreffen, und schließlich politische Mitwirkungsrechte. Diese vom Staat rechtsverbindlich zu gewährleistenden Schutz- und Abwehrrechte werden auch als Menschenrechte «der ersten Generation» bezeichnet.

Im Sozialpakt, den bis zum Jahr 2004 149 Staaten ratifiziert hatten, geht es um Menschenrechte «der zweiten Generation». Dabei handelt es sich um Anspruchsrechte auf positive Staatsleistungen im Sinne eines Schutzes *durch* den Staat. Dazu zählen das Recht auf ausreichende Nahrung, auf Gesundheit, auf Arbeit, auf Bildung oder auf die gleichberechtigte Teilhabe am kulturellen und wissenschaftlichen Leben. Solche Ansprüche können gegenüber dem Staat nach westlich liberaler Auffassung nicht als zu gewährleistende Rechte, sondern lediglich als Zielverpflichtungen geltend gemacht werden. Im Rahmen seiner Möglichkeiten verpflichtet sich der Staat lediglich, etwas zu ihrer Verwirklichung zu unternehmen. Dies gilt auch für die Menschenrechte «der dritten Generation», mit denen vor allem die Entwicklungsländer die Menschenrechtsdiskussion auf Rahmenbedingungen für eine menschenwürdige Existenz auszuweiten versuchten, die sich nur durch eine Kooperation zwischen den Staaten herstellen lassen. Zu diesen «Solidaritätsrechten» gehören das Recht auf Frieden, auf Entwicklung und auf eine gesunde Umwelt. Während die Entwicklungsländer aus dem Recht auf Entwicklung allerdings gern einen Anspruch auf Entwicklungshilfe ableiten möchten, betrachten es die Industriestaaten als ein Individualrecht, das sich zuerst an die eigene Regierung richtet.

Neben den beiden Pakten wurden inzwischen zahlreiche weitere Menschenrechtskonventionen von der Generalversammlung verabschiedet. Dazu zählen die internationalen Konventionen zur Beseitigung jeder Form von Rassendiskriminierung aus dem Jahr 1965 (in Kraft seit 1969), zur Beseitigung jeder Form von Diskriminierung der Frau von 1979 (in Kraft seit 1981), die Anti-Folter-Konvention von 1984 (in Kraft seit 1987) sowie die Konvention für die Rechte des Kindes von 1989 (in Kraft seit 1990).

Die damit etablierten internationalen Menschenrechtsnormen haben zu einem neuen Verständnis legitimer staatlicher Gewalt geführt. Allerdings klaffen die Erfolge der Vereinten Nationen bei der Norm*setzung* und der Norm*durchsetzung* im Bereich des internationalen Menschenrechtsschutzes weit auseinander. Internationale Instrumente für den Schutz des Individuums vor staatlicher Willkür gibt es vor allem dort, wo sie am wenigsten benötigt werden, weil ein entsprechender Schutz bereits innerstaatlich ausreichend gewährleistet ist. So räumt etwa die im Rahmen des Europarats entstandene Europäische Menschenrechtskonvention den Bürgerinnen und Bürgern das Recht ein, den Klageweg vor dem Europäischen Menschenrechtsgerichtshof zu beschreiten. Verglichen damit nehmen sich die Möglichkeiten, Verstöße gegen die globalen Menschenrechtskonventionen auf der internationalen Ebene wirksam zu verfolgen, ausgesprochen zahnlos aus. Obligatorische Beschwerdeverfahren oder weitergehende Sanktionsmöglichkeiten sind in der Regel nicht vorgesehen.

Gerade gegenüber denjenigen Staaten, die regelmäßig Menschenrechtsverletzungen begehen, besteht zumeist nur die Möglichkeit, sie in öffentlichen oder in vertraulichen Verfahren von der Unrechtmäßigkeit ihres Handelns zu überzeugen und sie auf diese Weise davon abzubringen oder sie durch öffentliches Anprangern bloßzustellen und damit unter Druck zu setzen. Der Standardmechanismus, mit dem die Einhaltung von Menschenrechtsübereinkommen international überwacht wird, besteht aus Berichtsprüfungsverfahren seitens unabhängiger Sachverständigenausschüsse zur Offenlegung der nationalen Rechtswirklichkeit.

Das zweite internationale Instrument, die Staatenbeschwerde, ist im Sozialpakt zum Beispiel überhaupt nicht vorgesehen. Im Rahmen des Zivilpakts wird die vorhandene Möglichkeit dazu praktisch nicht in Anspruch genommen. Als ein drittes Instrument räumt der Zivilpakt Einzelpersonen das Recht ein, dem Menschenrechtsausschuss Individualbeschwerden zur Prüfung vorzulegen, sofern sie den innerstaatlichen Rechtsweg bereits ausgeschöpft haben. Dieses Instrument kann aber ebenfalls nur gegenüber Staaten eingesetzt werden, die freiwillig einem entsprechenden Fakultativprotokoll beigetreten sind. Eine solche Zusatzerklärung haben immerhin 104 Staaten abgegeben. Die Wirksamkeit dieser Individualbeschwerden wird unterschiedlich beurteilt. Einerseits erzielen sie durchaus dadurch Wirkungen, dass der Menschenrechtsausschuss seine «Auffassung» zu einem jeweiligen Fall in seinem Jahresbericht an die Generalversammlung öffentlich macht. Andererseits leidet das Verfahren darunter, dass sich die vorgebrachten Menschenrechtsverletzungen vor Ort kaum verifizieren lassen. Die Möglichkeit zur Individualbeschwerde wird auch in der Anti-Rassismus-Konvention, der Anti-Folter-Konvention oder der Frauenkonvention eröffnet. Sie gilt aber auch dort nicht automatisch, sondern nur bei freiwilligem Beitritt zu einem entsprechenden Zusatzprotokoll – ein Schritt, den notorische Menschenrechtsverletzer tunlichst vermeiden.

Mit der ECOSOC-Resolution 1503 (XLVII) vom 27. Mai 1970 wurde Einzelpersonen und NRO die Möglichkeit eingeräumt, bei der Menschenrechtskommission Beschwerden vorzubringen. Damit mussten die dort zahlreich eingehenden Informationen über Menschenrechtsverletzungen nicht länger in den Papierkorb wandern, weil die Kommission nicht die Kompetenz hatte, sich damit zu befassen. Das «1503-Verfahren», vom dem seither hunderttausendfach Gebrauch gemacht wurde, kann zwar auch bestenfalls zu einem Bericht an den ECOSOC führen, der darauf aufbauende Empfehlungen aussprechen kann, aber immerhin besteht für die Menschenrechtskommission auf dieser Grundlage die Möglichkeit, zur Tatsachenermittlung – allerdings nur mit dem Einverständnis des betreffenden Landes – eigene Vor-Ort-Recherchen anzustellen.

Ein solches Inspektionsrecht ist für die Kontrollgremien der allermeisten Menschenrechtsübereinkommen, etwa im Zusammenhang mit der Prüfung von Staatenberichten oder Individualbeschwerden, nicht vorgesehen. Deren Wirksamkeit muss sich auf die Reputationsempfindlichkeit der Regierungen verlassen, denen Menschenrechtsverletzungen vorgeworfen werden. Gerade weil die zwischenstaatlichen Instrumente, mit deren Hilfe die Regelbefolgung sichergestellt werden soll, relativ schwach sind, spielen NRO eine bedeutende Rolle sowohl bei der Verhinderung (zum Beispiel durch die Gefangenenbesuche von Vertretern des Internationalen Komitees vom Roten Kreuz) als auch beim Aufdecken und Anprangern von Menschenrechtsverletzungen (zum Beispiel durch Organisationen wie *Amnesty International* oder *Human Rights Watch*). Das diskrete Zusammenspiel zwischen den berichtsprüfenden Organen der Vereinten Nationen und den NRO trägt wesentlich dazu bei, dass auch die vermeintlich zahnlosen Verfahren zum internationalen Menschenrechtsschutz einen Legitimationsdruck auf die regelverletzenden Regierungen erzeugen können. Wie stark NRO im Menschenrechtsbereich inzwischen präsent sind, zeigt die Wiener Weltkonferenz für Menschenrechte, an der im Juni 1993 800 NRO als Beobachter teilnahmen, während annähernd 2000 weitere parallel dazu eigene Menschenrechtsforen veranstalteten. Diese Konferenz war noch in anderer Hinsicht bedeutsam: Im Gegenzug zu der grundsätzlichen Anerkennung eines Menschenrechts auf Entwicklung durch die westlichen Industriestaaten bekannten sich die Entwicklungsländer in der «Wiener Erklärung» trotz aller kulturellen Unterschiede zwischen der weltlich-individualistischen westeuropäischen Menschenrechtstradition und dem religiösgemeinschaftsorientierten islamischen Menschenrechtsverständnis zur generellen Förderung der Menschenrechte.

Zu möglicherweise wegweisenden Durchbrüchen zu einem wirksameren internationalen Menschenrechtsschutz ist es seit den neunziger Jahren dadurch gekommen, dass der Sicherheitsrat seine Zuständigkeit im Bereich des Schutzes des Individuums vor kriegerischer und staatlicher Gewalt erheblich ausgeweitet hat. Zum einen tat er dies, indem er einige besonders schwerwiegende Fälle systematischer Menschenrechtsverletzungen zu Bedrohungen des Weltfriedens erklärte und «humanitäre Interventionen» dagegen autorisierte. Zum anderen richtete er zur strafrechtlichen Verfolgung von Kriegsverbrechen, Verstößen gegen das humanitäre Völkerrecht und Völkermord im ehemaligen Jugoslawien und in Ruanda internationale Ad hoc-Tribunale ein. Im Jahr 2004 wurde die Einrichtung eines dritten UNO-Sondertribunals beschlossen, das sich mit dem Mord an über 1,7 Millionen Menschen während der Herrschaft der Roten Khmer in Kambodscha (1975–1979) befassen soll.

Mit der Errichtung des internationalen Jugoslawien-Tribunals (ICTY) reagierte der Sicherheitsrat am 25. Mai 1993 auf Berichte über Massengräber, ethnische Säuberungen und bis zu 2 Millionen Flüchtlinge. Zuvor hatte er bereits durch die Entsendung einer humanitären Mission (UNPROFOR) in das ehemalige Jugoslawien, durch Wirtschaftssanktionen und militärische Zwangsmaßnahmen Serbien-Montenegro erfolglos daran zu hindern versucht, die von systematischen Gräueltaten begleiteten Bestrebungen serbischer Separatisten zu unterstützen, serbisch kontrollierte Gebiete wieder aus den neu entstandenen Staaten Bosnien-Herzegowina und Kroatien herauszulösen.

Dem ICTY gehören elf von der Generalversammlung ausgewählte Richter und eine unabhängige Anklagebehörde mit Sitz in Den Haag an. Sie ist befugt, auf eigene Faust oder auf Anregung von Staaten oder Organisationen Personen strafrechtlich zu verfolgen, die im Verdacht stehen, seit 1991 im Hoheitsgebiet des ehemaligen Jugoslawien schwere Verstöße gegen das humanitäre Völkerrecht begangen zu haben. Die Staaten sind zur Zusammenarbeit mit dem Gerichtshof bei der Festnahme und Überstellung angeklagter Personen verpflichtet. Die Zuständigkeit des ICTY hat Vorrang vor der nationaler Gerichte, von denen er sogar die Abgabe laufender Verfahren verlangen kann.

Die Entscheidung zur Errichtung des internationalen Ad hoc-Tribunals für Ruanda (ICTR) wurde auf die gleiche Weise begründet wie das Jugoslawien-Tribunal. In Ruanda hatte vor den Augen von UNO-Friedenstruppen im Frühjahr 1994 ein Völkermord der Hutu-Mehrheit an der Volksgruppe der Tutsi stattgefunden, dem rund eine Million Menschen zum Opfer fielen. Das Ruanda-Tribunal wurde am 8. November 1994 eingesetzt, hat seinen Sitz in Arusha (Tansania) und ist ähnlich aufgebaut wie das Jugoslawien-Tribunal.

Mit seinen Beschlüssen zur strafrechtlichen Verfolgung von Verletzungen des humanitären Völkerrechts auf einem bestimmten Territorium und über einen bestimmten Zeitraum hinweg nahm der Sicherheitsrat eine sehr weitgehende Auslegung der UNO-Charta vor: Er verordnete zwei vom Zerfall ihrer staatlichen Ordnungen betroffenen Staaten ein Strafverfolgungsorgan mit – weil es selbst den Gerichten der anderen Mitgliedstaaten übergeordnet ist – zweifellos *supranationalen* Qualitäten. Insofern handelt es sich bei den beiden Ad hoc-Tribunalen um ein gänzlich neues Instrument zur Durchsetzung der Herrschaft des Rechts – in diesem Fall des humanitären Völkerrechts. Aufgrund ihrer räumlich und zeitlich begrenzten Zuständigkeit sind sie aber zugleich auch ein Ausdruck der *Selektivität* der Herrschaft des Rechts: Allein die ständigen Mitglieder des Sicherheitsrats entscheiden darüber, wann und wo durch Ad hoc-Tribunale eine internationale Strafverfolgung eingeleitet werden kann.

Mit der Einrichtung des Internationalen Strafgerichtshofs (IStGH) trat die Strafverfolgung in eine neue Phase. Sie fand ihren Ausdruck in der weltweiten Anerkennung einer nicht mehr nur selektiven, sondern generellen *internationalen* Pflicht zur Strafverfolgung von Einzelpersonen, denen die Beteiligung an Straftaten wie Völkermord, Verbrechen gegen die Menschlichkeit, Kriegsverbrechen und Angriffskriegen zur Last gelegt wird. Der IStGH geht nicht auf einen Sicherheitsratsbeschluss zurück, sondern auf ein zwischenstaatliches Vertragswerk. Sein Statut wurde am 17. Juli 1998 in Rom von 120 Staaten auf einer «Diplomatischen Bevollmächtigtenkonferenz» verabschiedet, deren Zusammentreten die Generalversammlung der Vereinten Nationen im Dezember 1997 beschlossen hatte. Der IStGH konstituierte sich mit dem Inkrafttreten des Römischen Statuts am 1. Juli 2002 als eine ständige Rechtsinstanz mit Sitz in Den Haag. Ihm gehören 18 von den Vertragsstaaten gewählte Richter und Richterinnen an. Im Jahr 2004 hatten 139 Staaten das Statut des Strafgerichtshofs unterzeichnet, 97 hatten es auch bereits ratifiziert. Vom Ziel der Universalität ist er damit gegenwärtig allerdings noch deutlich entfernt. Wie jeder andere zwischen Staaten abgeschlossene völkerrechtliche Vertrag verpflichtet auch das Statut des IStGH lediglich die Vertragsstaaten zur Zusammenarbeit.

Der IStGH soll nicht an die Stelle der nationalen Strafgerichtsbarkeit treten, sondern ist als komplementär dazu zu verstehen. Da sein Statut den Vorrang der nationalen Strafverfolgung vorsieht, kann jeder Staat durch das Einleiten eines nationalen Strafverfahrens ein Tätigwerden des IStGH zumindest verzögern, wenn nicht verhindern. Der Internationale Strafgerichtshof kann erst auf den Plan treten, wenn sowohl der Staat, auf dessen Territorium eine der genannten Straftaten begangen wurde, als auch der Staat, aus dem der Täter stammt, «nicht willens oder unfähig (sind), die Ermittlungen oder die Strafverfolgung ernsthaft durchzuführen» (Artikel 17 des Römischen Statuts). Der IStGH kann sich allerdings in Fällen einschalten, in denen entweder nur der Heimatstaat des Tatverdächtigen oder nur der Staat, auf dessen Territorium die Straftat erfolgt ist, das Statut ratifiziert haben, d. h. es können auch Angehörige von Nichtvertragsstaaten angeklagt werden. Wenn, wie im Fall des Irak-Krieges, keines der beiden Kriterien zutrifft, weil weder die USA noch der Irak Vertragsparteien sind, hat der IStGH zunächst einmal keine Zuständigkeit.

Im Unterschied zu einem vorausgegangenen Entwurf der Völkerrechtskommission aus dem Jahr 1994, dem auch die USA, die neben China, Jemen, dem Irak, Israel, Katar und Libyen zu der siebenköpfigen Gruppe der Gegner des IStGH gezählt werden, noch zugestimmt hatten, weil er eine faktische Kontrolle des geplanten Gerichtshofs durch den Sicherheitsrat ermöglichte, eignet sich die Konstruktion des IStGH kaum als ein Instrument für hegemoniale Machtausübung. Es bedarf keiner generellen Erlaubnis des Sicherheitsrats, um ein Verfahren einzuleiten. Das Statut ermöglicht dies jeder Vertragspartei, vor allem aber sieht es einen unabhängigen Ankläger vor. Im Sommer 2004 leitete dieser die ersten beiden Verfahren ein, die Vorgänge in der Demokratischen Republik Kongo und in Uganda betrafen. Mit den ersten Prozessen wird im Jahr 2005 gerechnet. Allerdings räumt Artikel 13b des Statuts auch dem Sicherheitsrat die Möglichkeit ein, einen Fall an den IStGH zu verweisen und damit ein Verfahren auszulösen, sogar dann, wenn der betroffene Staat keine Vertragspartei ist. In der Präambel des Römischen Statuts wird das damit begründet, dass schwerste Verletzungen des humanitären Völkerrechts «die internationale Gemeinschaft als Ganzes berühren». Diese Formulierung suggeriert zumindest, dass damit auch Zwangsmaßnahmen unter Berufung auf Kapitel VII der UNO-Charta ausgelöst werden könnten.

Die Funktionsfähigkeit des IStGH leidet zum einen unter seiner knappen finanziellen Ausstattung, zum anderen und vor allem aber unter der Verweigerungshaltung der USA. Mit den Sicherheitsratsresolutionen 1422 vom 12. Juli 2002 und 1487 vom 12. Juni 2003 wurde der amerikanischen Regierung jeweils zugestanden, dass an einer Operation der UNO beteiligte Personen aus Staaten, die nicht dem Statut des IStGH beigetreten sind, für die Dauer eines Jahres von der Strafverfolgung ausgenommen sind. Diese Resolutionen sollten der Befürchtung der

USA entgegenkommen, es könnte zu politisch motivierten Strafverfahren gegen amerikanische Staatsbürger kommen. Trotz dieser Zugeständnisse versuchten die USA weiterhin, die Funktionsfähigkeit des Gerichtshofs zu hintertreiben, indem sie Staaten vom Beitritt abhielten oder sie in zumeist nicht öffentlich verkündeten bilateralen Abkommen dazu verpflichteten, keine amerikanischen Bürger an das Gericht auszuliefern. Dass eine große Staatenmehrheit den Gerichtshof auch gegen den Widerstand der USA durchzusetzen bereit war, steht in einem krassen Gegensatz zu der Auffassung, internationale Institutionen seien Instrumente hegemonialer Machtausübung. Die USA konnten weder die Einrichtung des IStGH verhindern noch werden sie seine Arbeit auf Dauer behindern können. Ein erstes Einlenken war bereits im Jahr 2004 erkennbar, als sie unter dem Eindruck der Misshandlungen irakischer Gefangener durch amerikanisches Wachpersonal im Abu Ghraib-Gefängnis auf eine weitere Verlängerung der Sonderregelung für amerikanische Staatsbürger verzichteten, weil sie im Sicherheitsrat dafür keine Zustimmung mehr gefunden hätten. Die Stimmenthaltung der USA, als der Sicherheitsrat am 1. April 2005 zum ersten Mal den IStGH mit der Verfolgung von Verbrechen gegen die Menschlichkeit im Sudan beauftragte, weist in die gleiche Richtung.

2. Humanitäre Intervention und staatliche Souveränität

Seit 2003 dauert der Bürgerkrieg in der westsudanesischen Region Darfur an. Seit dieser Zeit verübten arabische Stammesmilizen, die von der sudanesischen Regierung unterstützt wurden, ethnische Säuberungen und schwerste Menschenrechtsverletzungen gegenüber der schwarzafrikanischen Zivilbevölkerung. 180 000 Menschen fanden dabei den Tod. Annähernd sechs Millionen wurden aus ihren zerstörten Dörfern vertrieben. Nach einem Besuch von Generalsekretär Annan im Sudan verpflichtete sich die Regierung, die Milizen zu entwaffnen, die Zivilbevölkerung zu schützen und den internationalen Hilfsorganisationen sicheren Zugang zu gewähren. Als die Lage sich dennoch immer mehr verschlechterte, forderte der Sicherheitsrat auf Drängen der USA am 30. Juli 2004 die sudanesische Regierung unter Androhung politischer und wirtschaftlicher Konsequenzen ultimativ auf, für die Sicherheit der schwarzafrikanischen Bevölkerung zu sorgen und die Milizenführer zur Rechenschaft zu ziehen. Die sudanesische Regierung verbat sich indes jede internationale Einmischung als Verletzung ihrer nationalen Souveränität.

Dieser Fall wirft die grundsätzliche Frage auf, ob die UNO in solchen Konflikten überhaupt intervenieren darf und sollte. Rüttelt nicht jede Intervention an den Fundamenten des Völkerrechts? In keinem anderen Bereich offenbart sich das Spannungsverhältnis zwischen unterschiedlichen Zielen der Charta so deutlich wie bei der Frage nach der Rechtmäßigkeit humanitärer Interventionen. Hier stehen sich der Schutz der Menschenrechte und die Unverletzlichkeit der staatlichen Souveränität als normative Zielvorgaben diametral gegenüber. Wessen Selbstbestimmung soll Vorrang genießen, die des Individuums oder die des Staates?

Humanitäre Interventionen sind in der Charta der Vereinten Nationen ausdrücklich nicht vorgesehen und eine entsprechende Chartaänderung ist äußerst unwahrscheinlich. Aber dass sich seit einigen Jahren ein Normenwandel vollzieht, dokumentiert die auf Initiative Kanadas eingerichtete Internationale Kommission zu Intervention und Staatensouveränität (ICISS). In ihrem Bericht vom Dezember 2001 wird «im Falle schwerwiegenden Schadens für eine Bevölkerung bei Unwillen oder Unvermögen eines Staates, hier Abhilfe zu schaffen», die Verpflichtung, Schutz zu gewähren, über das Gebot der Nichteinmischung gestellt. In einem solchen Fall müssten die Vereinten Nationen die Möglichkeit haben, vom Grundsatz der Nicht-Intervention abzuweichen und eine «Verantwortung zum Schutz» wahrzunehmen. Sollte sich diese Auffassung durchsetzen, dann würde das internationale Kooperationsrecht in eine neue Dimension vorstoßen: von der Verpflichtung zur Kooperation zwischen den Staaten zur Verpflichtung zur zwischenstaatlichen Kooperation zum Schutz der Bürger eines anderen Staates.

Je weniger es im Zeichen einer sich herausbildenden Weltgesellschaft heute angemessen erscheint, sich die Welt, in der die Vereinten Nationen ihrem Friedensauftrag nachkommen sollen, immer noch als das Staatensystem des 17. Jahrhunderts vorzustellen, desto mehr muss auch die Unantastbarkeit der souveränen Staatlichkeit als völkerrechtliches Grundprinzip ins Wanken geraten. Gleichwohl sollte diese zivilisatorische Errungenschaft, die die Staatenwelt immerhin aus ihrem anarchischen Naturzustand herausgeführt hat, nicht voreilig für obsolet erklärt werden. Die Pflicht zu humanitärer Intervention könnte sonst zu einem Freibrief werden, zu einer allzeit verfügbaren Formel zur Begründung der Verletzung der Souveränität eines anderen Staates. Bisher liegt es im Ermessen des Sicherheitsrats, eine humanitäre Katastrophe als Bedrohung der internationalen Sicherheit auszulegen und damit eine humanitär motivierte Intervention als legitim zu autorisieren. Solange es keine klar definierte Verpflichtung gibt, wird er dies aber nur dann tun, wenn jedes einzelne seiner ständigen Mitglieder das auch für politisch opportun hält. Von einem verlässlichen internationalen Schutz der von Völkermord und systematischen Menschenrechtsverletzungen betroffenen Zivilbevölkerungen kann folglich nicht die Rede sein.

Die sauberste Alternative zu diesem unbefriedigenden Zustand bestünde in einer Ergänzung der Charta. Mit der expliziten völkerrechtlichen Verpflichtung zur humanitären Intervention könnte möglicherweise ein verlässlicherer Schutzmechanismus geschaffen werden, der zugleich auch der fortgesetzten Zweckentfremdung und Abnutzung der «Bedrohung des Weltfriedens und der internationalen Sicherheit» Einhalt gebieten würde, die längst in Gefahr ist, zu einer Beliebigkeitsformel zu degenerieren und damit ihre Glaubwürdigkeit einzubüßen. Die Subsumierung von humanitären Katastrophen und schwersten Menschenrechtsverletzungen unter das Konzept der menschlichen Sicherheit würde es im Prinzip durchaus erlauben, auch existenzielle Bedrohungen des Einzelnen als Sicherheitsprobleme zu definieren und damit der unmittelbaren Zuständigkeit des Sicherheitsrats zu übergeben. Die Durchführung humanitärer

Interventionen würde, auf diese Weise formalisiert und legalisiert, aus dem Dunstkreis ihrer gegenwärtigen Beliebigkeit heraustreten, aber würde dies den Schutz der menschlichen Existenz auch wirklich verlässlicher machen? Eine Norm hat nur Gewicht, solange auch ihre Durchsetzung glaubhaft gewährleistet ist. Da die UNO über keine eigenen Interventionstruppen verfügt, blieben auch obligatorische humanitäre Interventionen immer noch auf die Bereitschaft derjenigen Mitgliedstaaten angewiesen, Truppen für humanitäre Interventionen zur Verfügung zu stellen, die über die dafür benötigten militärischen Kapazitäten verfügen. Vor diesem Hintergrund erscheint es zwar wünschbar und überfällig, dem Grundsatz der «Verpflichtung, Schutz zu gewähren», einen höheren Stellenwert einzuräumen, zu große Erwartungen in seine mehr als nur fallweise praktische Umsetzung sollten jedoch nicht gehegt werden, denn die Interventionsmöglichkeiten der Vereinten Nationen werden auch bei einer Erweiterung der legitimen Interventionsgründe in der Praxis an die Interessenübereinstimmung der größeren Militärmächte und deren Bereitschaft gebunden bleiben, ihre Machtmittel in ausreichendem Umfang zur Verfügung zu stellen.

Allerdings handelt es sich bei militärischen Interventionen nicht um das einzige Instrument, über das die Vereinten Nationen im Umgang mit humanitären Katastrophen verfügen. Vor allem bei der Betreuung von Flüchtlingen besteht eine lange Tradition, die bereits in Völkerbundszeiten zurückreicht. Die Vereinten Nationen selbst richteten im Jahr 1951 das Hohe Kommissariat für Flüchtlinge (UNHCR) als ein Nebenorgan der Generalversammlung ein, um die Einhaltung der völkerrechtlichen Schutzbestimmungen gegenüber Asyl suchenden Flüchtlingen zu überwachen. Deren Grundlage bildet die Genfer Flüchtlingskonvention von 1951, die sich ursprünglich auf den Schutz der Flüchtlinge aus dem Zweiten Weltkrieg bezog und mit einem 1967 in Kraft getretenen Protokoll auf alle Personen ausgedehnt wurde, die wegen ihrer politischen Einstellung, Religion, Nationalität, ethnischen Abstammung oder ihrer Zugehörigkeit zu einer bestimmten Gruppe in ihrem Herkunftsland von Verfolgung bedroht sind.

Die wichtigsten Aufgaben des UNHCR bestehen bis heute darin, die freiwillige Rückkehr und Wiedereingliederung von Flüchtlingen zu fördern bzw. deren Eingliederung im Aufenthaltsland zu unterstützen. Zu der Betreuung von weltweit etwa sieben Millionen Flüchtlingen sind die so genannten *internally displaced persons* hinzugekommen. Dabei handelt es sich um Personen, die innerhalb ihres eigenen Landes vertrieben wurden. Vor allem in Afrika ist das UNHCR in zahlreichen Krisenregionen tätig und dabei auf die freiwillige finanzielle Unterstützung durch die Mitgliedstaaten angewiesen, die allerdings chronisch unzureichend ist. Ein weiteres Dauerproblem bereitet die Verknüpfung der Rückkehrhilfen des UNHCR mit der regulären Entwicklungshilfe, die benötigt wird, um zu verhindern, dass Rückkehrer erneut zu Flüchtlingen werden.

Diese nachsorgenden humanitären Aktivitäten werden ihre Bedeutung behalten. Ein Ende der internationalen Flüchtlingsproblematik ist nicht absehbar. Der Schlüssel für ihre Lösung liegt aber weder allein in verlässlicheren humanitären Interventionen noch in einer weiteren Verbesserung von Nachsorgemaßnahmen, sondern vor allem in der Ursachenbekämpfung. Dies führt wieder zu dem einführend aufgeworfenen Zielkonflikt zwischen dem Schutz der individuellen und der staatlichen Souveränität zurück. In vielen Fällen wird es erforderlich bleiben, auf Regierungen internationalen Druck auszuüben, die Teile ihrer Bevölkerung zur Flucht zwingen oder nicht verhindern, dass Menschen ihre Heimat verlassen müssen. Aber Flüchtlingsströme sind nicht allein das Resultat einer akuten Existenzbedrohung durch politisch, religiös oder ethnisch motivierte Verfolgung. Eine tiefer liegende Ursache besteht zumeist in der Aussichtslosigkeit der materiellen Lebensbedingungen in vielen Ländern. Hier ist es vor allem an den Industriestaaten selbst, in ihrem ureigenen Interesse zu einer nachhaltigen Linderung des Migrationsdrucks durch die Verbesserung der wirtschaftlichen Existenzgrundlagen in den betroffenen Ländern beizutragen.

VI. Menschliche Entwicklung im Zeichen der Globalisierung

Gegenwärtig wird die Zahl der Menschen, deren Einkommen bei weniger als einem Dollar am Tag liegt, auf 20 Prozent der Weltbevölkerung geschätzt. Ganz offensichtlich wird ein großer Teil der Weltbevölkerung nicht von den Wohlfahrtseffekten der Weltwirtschaft erfasst. Ganz im Sinne des bereits angesprochenen umfassenden Friedensverständnisses der Vereinten Nationen werden in der Charta «Gerechtigkeit» und der wirtschaftliche und soziale Fortschritt aller Völker zu grundlegenden Bestandteilen des Zielkatalogs der Organisation erhoben. Deren Verwirklichung soll, wie es in Artikel 55 heißt, dazu dienen, «jenen Zustand der Stabilität und Wohlfahrt herbeizuführen, der erforderlich ist, damit zwischen den Nationen friedliche und freundschaftliche (...) Beziehungen herrschen».

Auf der zwischenstaatlichen Ebene wird damit heute vor allem der Auftrag verbunden, die konfliktträchtige Wohlstandskluft zwischen den OECD-Ländern und fast allen übrigen Weltregionen zu verringern. Zahlreiche Organisationen des UN-Systems sind zum einen *operativ* an der Finanzierung, Koordinierung oder praktischen Durchführung von Projekten der multilateralen Entwicklungszusammenarbeit beteiligt. Andere spielen für die entwicklungspolitische *Programmdiskussion* eine zentrale Rolle. Wieder andere haben sich als unverzichtbare Bestandteile eines politikfeldübergreifenden Netzes von Verhandlungsforen etabliert, deren Aufgabe in der *Regelsetzung* für die grenzüberschreitenden Wirtschafts- und Sozialbeziehungen besteht.

In ähnlicher Weise, wie dies im Bereich der Sicherheitspolitik sichtbar geworden ist, ist auch das entwicklungspolitische Aufgabenspektrum der Vereinten Nationen im Zuge einer immer ganzheitlicheren Herangehensweise komplexer geworden. Das heute zugrunde gelegte Verständnis von Entwicklung umfasst die Dimensionen Frieden, Wirtschaft, Umwelt, Gerechtigkeit und Demokratie und wird von dem Leitbild der nachhaltigen Entwicklung *(sustainable development)* am vollständigsten verkörpert. Dieses Leitbild hat seit seiner «Verkündung» auf der Konferenz für Umwelt und Entwicklung in Rio im Jahr 1992 weltweite Bedeutung erlangt, weil es nicht nur programmatisch eine Verbindung zwischen ökologischen, wirtschaftlichen und sozialen Zielen herstellt, sondern daraus auch prozedurale Anforderungen an die zur Verwirklichung dieser Ziele erforderlichen Formen politischer Steuerung ableitet. Ergänzt wird das Konzept der nachhaltigen Entwicklung in der gegenwärtigen Diskussion durch das der «guten Regierungsführung» *(good governance)*, das Ansprüche an die Transparenz des Regierens und an die Beteiligung der Menschen am öffentlichen Leben formuliert. Komplettiert wird die Trias der wichtigsten entwicklungspolitischen Leitkonzepte durch das Konzept der menschlichen Entwicklung *(human development)*, das auch für den Bereich der Entwicklungspolitik die Orientierung an den Bedürfnissen des Einzelnen zum Maßstab erhebt.

Die drei genannten Konzepte stehen aber erst am Ende der entwicklungspolitischen Programmdiskussion im Rahmen der Vereinten Nationen. In ihnen bündelt sich die Abkehr von einer staatszentrierten Betrachtungsweise gleich in doppelter Form: Weder wird die Eigenverantwortung der Regierungen der Entwicklungsländer tabuisiert, wie dies in der Diskussion der siebziger Jahre um die Neue Weltwirtschaftsordnung noch über weite Strecken der Fall gewesen war, noch stellt das Wohl des Staates das primäre Ziel dar, auf das in den achtziger Jahren die neoliberale Programmatik der Staatshaushaltssanierung vor allem ausgerichtet war. Stattdessen geht es darum, sowohl auf der internationalen als auch auf der nationalen Ebene die politischen, gesellschaftlichen und ökonomischen Rahmenbedingungen für das Wohlergehen des einzelnen Menschen zu schaffen.

I. Entwicklungspolitische Programmentwicklung

Entwicklungspolitik setzte lange Zeit auf eine wirtschaftliche Modernisierungs- und Wachstumsstrategie. Dabei wurden vorübergehende Entwicklungsunterschiede in einem Land bewusst in Kauf genommen, weil man mit dem Aufbau moderner Sektoren die Erwartung von Ausbreitungseffekten verband. Diese Vorstellung wurde allerdings von der Realität eingeholt, als nicht nur die Entwicklungsdisparitäten zwischen den Ländern des Nordens und denen des Südens immer weiter zunahmen, sondern sich auch die Lebensbedingungen der schwächsten Bevölkerungsgruppen innerhalb der Entwicklungsländer selbst trotz eines insgesamt steigenden Bruttosozialprodukts immer mehr verschlechterten.

Darauf reagierten die Regierungen der Entwicklungsländer mit der Forderung nach neuen Spielregeln für die Weltwirtschaft, um die globalen Ressourcenströme zugunsten des Südens umzuleiten. Parallel dazu nahm seit Mitte der siebziger Jahre beim Weltbeschäftigungsprogramm der ILO und innerhalb der Weltbank ein ganz anderes entwicklungspolitisches Leitbild Gestalt an: das der grundbedürfnisorientierten Entwicklung. Dies bedeutete eine Abkehr von gesamtstaatlichen Entwicklungszielen, wie etwa der Wachstumsrate der Volkswirtschaft, und eine Hinwendung zum Individuum. Nicht zuletzt sollte auch eine gleichmäßigere Einkommensverteilung innerhalb der Entwicklungsländer selbst angestrebt werden. Es ist kein Zufall, dass gerade die Weltbank eine führende Rolle einnahm und immer mehr zur einflussreichsten entwicklungspolitischen Denkfabrik wurde. Dort hatten die Geberländer das Sagen, in deren Interesse es lag, der von den Regierungen der Dritten Welt propagierten Neuen Wirtschaftsordnung einen Entwicklungsansatz entgegenzusetzen, mit dem sich die Verantwortung für die wirtschaftliche und soziale Entwicklung an die Regierungen der Entwicklungsländer selbst zurückspielen ließ. Der Grundbedürfnisansatz stieß erwartungsgemäß auf die Zustimmung der Industriestaaten, während die Entwicklungsländer ihm kritisch gegenüber standen.

In den achtziger Jahren wurden diese Debatten allerdings allesamt durch eine weltweite Rezession und Schuldenkrise in den Hintergrund gedrängt, die immer mehr Entwicklungsländer zu Bittstellern beim IWF als ihrem letzten Hoffnungsträger machte. Dort waren Kredite jedoch nur gegen harte Strukturanpassungsmaßnahmen und politische Stabilisierungsprogramme zu erhalten. Unter der programmatischen Federführung des IWF kehrte die Entwicklungspolitik nun wieder zu den marktwirtschaftlichen Rezepten der sechziger Jahre zurück. Die Ziele der dahinter stehenden neoliberalen Wirtschaftsphilosophie bestanden nicht mehr in der Armutsbekämpfung, sondern in der Verringerung von Inflation, Finanz- und Zahlungsbilanzdefiziten. Das Schicksal des Staatshaushalts rückte in den Vordergrund. Die Entwicklungsprobleme wurden als das Resultat einer fehlgeleiteten Wirtschafts- und Finanzpolitik auf der nationalstaatlichen Ebene betrachtet und sollten durch eine «gute Regierungsführung» überwunden werden, die sich dadurch auszeichnete, dass sie die Voraussetzungen für Marktliberalisierung und Kreditvergabe schuf. Die Anpassungsprogramme, die der IWF den verschuldeten Ländern verordnete, trafen allerdings vor allem die schwächsten Bevölkerungsgruppen, die in besonderer Weise von staatlichen Leistungen abhängig waren. Im Gefolge des neoliberalen Paradigmenwechsels wuchsen die Einkommensunterschiede innerhalb vieler Staaten der Dritten Welt daher noch weiter an.

Erst mit den großen Weltkonferenzen der neunziger Jahre erfuhr die entwicklungspolitische Programmdebatte wieder einen Richtungswechsel. Die seit 1990 jährlich veröffentlichten UNDP-Berichte über die menschliche Entwicklung *(Human Development Reports)* trugen wesentlich dazu bei, dass mit der *menschlichen Entwicklung* ein neuer, auf alle Bereiche der Entfaltung des Individuums ausgreifender entwicklungspolitischer Schlüsselbegriff maßgeblich wurde. Das UNDP setzte dem herkömmlichen Bruttosozialprodukt einen Index *(Human Development Index)* mit Indikatoren für die Lebenserwartung, das Bildungsniveau und den Lebensstandard entgegen, mit denen Fortschritte im Entwicklungsprozess eines Landes anhand ihrer Implikationen für den Einzelnen im Alltagsleben gemessen wurden. Am Ende des Jahrzehnts bekannten sich auch die Weltbank und der IWF zum Ziel der Armutsbekämpfung. Auf dem «Millenniums-Gipfel» der Vereinten Nationen verständigten sich im Jahr 2000 die Staats- und Regierungschefs auf einen Katalog von «Millenniums-Entwicklungszielen», die mit messbaren und bis 2015 zu erreichenden Zielvorgaben verknüpft wurden:

- die Halbierung der Zahl der Menschen, die von weniger als einem Dollar am Tag leben müssen, ebenso der Zahl derer, die unter Hunger leiden
- die Möglichkeit für alle Kinder, eine Primarschulausbildung abzuschließen
- die Beseitigung des Geschlechtergefälles auf allen Bildungsebenen
- die Senkung der Kindersterblichkeit um zwei Drittel gegenüber 1990
- die Senkung der Müttersterblichkeitsrate um drei Viertel
- die Umkehr der Ausbreitung von AIDS, Malaria und anderen schweren Krankheiten
- der Einbau der Grundsätze der nachhaltigen Entwicklung in die nationalstaatliche Politik
- die Halbierung der Zahl der Menschen, die keinen Zugang zu sauberem Trinkwasser haben
- die Verbesserung der Lebensbedingungen von 100 Millionen Slumbewohnern bis 2020
- der Aufbau einer internationalen Entwicklungspartnerschaft, um Verschuldungsprobleme sowie den Zugang zu Märkten und zu Technologie zwischen den Regierungen zu regeln. Ausdrücklich wurde dabei auch den Regierungen der Entwicklungsländer ein Bekenntnis zu guter Regierungsführung abverlangt.

An diesem Katalog ist zum einen bemerkenswert, dass die Verantwortung für die Armutsproblematik nicht mehr zwischen der internationalen und der nationalstaatlichen Ebene hin und her geschoben, sondern auf die Notwendigkeit gemeinsamer Anstrengungen von Entwicklungs- und Industrieländern verwiesen wird. Während von den Entwicklungsländern umfassende Entwicklungspläne zur Armutsbekämpfung erwartet werden, sollen ihnen die Geberländer und die internationalen Finanzinstitutionen Schuldenerlasse und Kredite gewähren, den Umfang der öffentlichen Entwicklungshilfe verdoppeln und sich um eine faire Welthandelspolitik bemühen.

Zum anderen unterstreicht die Tatsache, dass fast alle Ziele unmittelbar der Armutsbekämpfung dienen, erneut den Stellenwert, den das Konzept der menschlichen Entwicklung inzwischen einnimmt. Mit diesem Konzept rücken auch die politischen Rahmenbedingungen verstärkt ins Visier, die gegeben sein müssen, damit ein Mensch Zugang zu einem menschenwürdigen Lebensstandard haben kann. Im Weltentwicklungsbericht der Weltbank 2000 wurde die Gewährleistung politischer Beteiligungsrechte explizit als ein wesentliches Entwicklungsziel genannt. An diesem Punkt treffen sich das Leitbild der menschlichen Entwicklung und ein neu aufgelegtes, nun allerdings gegenüber der bereits erwähnten «schmalen» Variante des IWF wesentlich umfassenderes *good governance*-Konzept, das sich nicht an dem Ziel ausrichtet, ein möglichst günstiges Investitionsklima zu schaffen, sondern *good governance* als eine der menschlichen Sicherheit, der Demokratie, der Rechtsstaatlichkeit und der Achtung der Menschenrechte verpflichtete Regierungsführung versteht. *Good governance* bemisst sich daran, inwieweit es gelingt, die Menschen am politischen Prozess zu beteiligen, die gesellschaftliche Integration zu fördern und die wirtschaftliche Entwicklung so zu steuern, dass Wachstumserfolge erzielt, notwendige Strukturreformen verwirklicht und natürliche Ressourcen verantwortlich genutzt werden können.

2. Das Leitbild der nachhaltigen Entwicklung

Die bereits angesprochene ganzheitliche Sicht auf die Entwicklungsproblematik ist wesentlich auf die Weltkonferenzen der neunziger Jahre zurückzuführen und kommt nirgendwo umfassender zum Ausdruck als in dem Leitbild der nachhaltigen Entwicklung. Dessen Karriere geht auf einen Auftrag zurück, den die Generalversammlung der Weltkommission für Umwelt und

Entwicklung im Jahr 1983 erteilte. Die Kommission sollte über die umweltverträgliche Gestaltung der wirtschaftlichen Entwicklung nachdenken. In dem von ihr vorgelegten «Brundtland-Bericht» fiel der Begriff *«sustainable development»* zum ersten Mal. Damit wurde gegen ein Wachstumsmodell Stellung bezogen, das Wohlfahrtsgewinne in der Gegenwart auf Kosten künftiger Generationen erkauft. Als nachhaltig wurde eine Entwicklung definiert, «die den Bedürfnissen der heutigen Generation entspricht, ohne die Möglichkeiten künftiger Generationen zu gefährden, ihre eigenen Bedürfnisse zu befriedigen und ihren Lebensstil zu wählen.»

Auf der Konferenz der Vereinten Nationen über Umwelt und Entwicklung wurde das Leitbild im Jahr 1992 konkretisiert: zum einen in der Rio-Deklaration über Umwelt und Entwicklung, vor allem aber in der Agenda 21, dem Aktionsprogramm zur Umsetzung einer nachhaltigen Entwicklung, das in Rio von mehr als 170 Staaten verabschiedet wurde. Das Leitbild der nachhaltigen Entwicklung sollte allerdings nicht nur für die internationale Umweltpolitik maßgeblich sein, sondern verlangte eine Integration sozialer, wirtschaftlicher und ökologischer Politikziele. Die Armutsbekämpfung, die Veränderung von Konsumgewohnheiten, die Bevölkerungs-, Gesundheits- und Siedlungspolitik sollten sich von der lokalen bis zur globalen Ebene gleichermaßen daran orientieren. Konkrete Maßnahmenkataloge sollten in länderspezifischen Programmen festgelegt werden und von staatlichen und gesellschaftlichen Akteuren gemeinsam getragen werden. Insbesondere wurde für die Umsetzung der Nachhaltigkeitsziele auch eine tief greifende Veränderung von Politikmustern für erforderlich gehalten. In Kapitel 23 der Agenda 21 heißt es dazu: «Eine der Grundvoraussetzungen für die Erzielung einer nachhaltigen Entwicklung ist die umfassende Beteiligung der Öffentlichkeit an der Entscheidungsfindung. Darüber hinaus hat sich im spezifischeren umwelt- und entwicklungspolitischen Zusammenhang die Notwendigkeit neuer Formen der Partizipation ergeben.»

Das von der UNCED ausgegangene Plädoyer für neue Politikmuster unter «echter Beteiligung aller gesellschaftlichen Gruppen» von der lokalen bis zur globalen Ebene stellte auch die tradierten Rollenverständnisse der UNO infrage. Zum einen dementierte der Rio-Prozess die Vorstellung von den Vereinten Nationen als einem hegemonialstaatlichen Machtinstrument, indem er den amerikanischen Hegemon einfach hinter sich ließ. Darüber hinaus propagierte er aber auch eine Abkehr von dem Modell des rein staatlichen bzw. zwischenstaatlichen Regierens überhaupt, für das bisher – mit der einen Ausnahme der ILO – auch die Vereinten Nationen gestanden hatten. Offenbar war den meisten Regierungen bewusst geworden, dass sie aufgrund der Komplexität der zu bewältigenden umweltpolitischen Aufgaben auf die Einbindung der Gesellschaft und des Wirtschaftssektors bei der Vorbereitung politischer Entscheidungen und bei deren Umsetzung angewiesen waren. Gerade der klimapolitische Zielkatalog war allein durch den Einsatz hoheitlicher Staatsgewalt nicht zu verwirklichen, sondern bedurfte einer umfassenden Mobilisierung möglichst aller auf staatliche und nichtstaatliche Akteure verteilten Problemlösungsressourcen.

Dieser innere Zusammenhang zwischen bestimmten Politikzielen und den partnerschaftlichen und dialogischen Politikmustern, die für deren nachhaltige Verwirklichung erforderlich sind, macht die Charakteristik des Leitbilds der nachhaltigen Entwicklung aus. Die darin eingehenden Vorstellungen über öffentlich-private Mischformen der politischen Steuerung stellen das exakte Gegenteil zu jeder Form der hoheitlich oder gar weltstaatlich verordnenden politischen Steuerung dar und entsprechen damit völlig denen des *global governance*-Konzepts. Auch dabei handelt es sich, wenn man der Definition der Enquete-Kommission «Globalisierung der Weltwirtschaft» des Deutschen Bundestages folgt, um «dialogische und kooperative Prozesse (...), die über die verschiedenen Handlungsebenen subsidiär entlang der Achse lokal–global hinweg reichen sowie Akteure aus den Bereichen Politik, Wirtschaft und Gesellschaft zusammenführen und vernetzen. *Global governance* setzt damit also auf das konstruktive Zusammenwirken von staatlichen und nichtstaatlichen Akteuren in dynamischen Prozessen interaktiver Entscheidungsfindung von der lokalen bis zur globalen Ebene.»

Bereits auf der UNCED selbst war die in der Agenda 21 geforderte «möglichst umfassende Beteiligung der Öffentlichkeit und eine tatkräftige Mithilfe der nichtstaatlichen Organisationen (NRO) und anderer Gruppen» Wirklichkeit geworden. In Rio traten über 20 000 Vertreterinnen und Vertreter von 9000 nichtstaatlichen Organisationen auf. Die Konferenz wurde damit zum Vorreiter und wichtigsten Einfallstor für die Öffnung des UN-Systems auch für nichtstaatliche Akteure. Die Vereinten Nationen fungierten hier als ein Verhandlungssystem, das im Verlauf des Rio-Prozesses seinen zwischenstaatlichen Charakter immer mehr einbüßte und dabei zugleich ganz wesentlich zu einer organisatorischen Stärkung der internationalen Zivilgesellschaft beitrug.

3. Regelsetzung für die Weltwirtschaft

Bedeutung «auf wirtschaftlichem und sozialem Gebiet» haben die Vereinten Nationen neben der multilateralen Entwicklungszusammenarbeit und der entwicklungspolitischen Programmentwicklung insbesondere als Regelsetzer für die Weltwirtschaft erlangt. Die spektakulärste Kontroverse zwischen Industrie- und Entwicklungsländern in diesem Bereich wurde unter der Überschrift «Neue Weltwirtschaftsordnung» ausgetragen. Als Hauptaustragungsorte fungierten die Generalversammlung und die seit 1964 regelmäßig stattfindende UN-Konferenz für Handel und Entwicklung (UNCTAD). Einen ersten Höhepunkt bildete die Erklärung über die Errichtung einer Neuen Weltwirtschaftsordnung am 1. Mai 1974, auf die am 12. Dezember des gleichen Jahres die von der 29. Generalversammlung verabschiedete Charta der wirtschaftlichen Rechte und Pflichten der Staaten folgte.

Zu diesem Zeitpunkt war längst ein Klima der Konfrontation an die Stelle des partnerschaftlichen Geistes getreten, in dem die Generalversammlung die sechziger Jahre noch hoffnungsvoll zur Ersten Entwicklungsdekade ausgerufen hatte. Das erklärte Ziel, die Entwicklungsländer innerhalb dieses Zeitraums auf den Weg zu einem sich selbst tragenden Wirtschaftswachstum zu bringen, war aus deren Sicht mit der im Rahmen des GATT und des IWF betriebenen Liberalisierung der Weltwirtschaft verfehlt worden. Die Austauschbedingungen auf dem Weltmarkt, auf dem die Länder des Südens in der Regel als Anbieter von Rohstoffen und die Industrieländer als Fertigwarenexporteure auftraten, hatten sich für die meisten Entwicklungsländer weiter verschlechtert, ihr Anteil am Welthandel war stetig gesunken. Die Ursachen dafür lagen für die Entwicklungsländer in den Spielregeln, die die internationalen Wirtschafts- und Handelsbeziehungen bestimmten. Um einer weiteren Auseinanderentwicklung entgegenzuwirken, richteten die Entwicklungsländer an die Industrieländer ein ganzes Bündel von Forderungen. Dazu zählten unter anderem strukturelle Veränderungen des internationalen Währungssystems zur Verbesserung des Ressourcentransfers in die Dritte Welt, die Verabschiedung eines integrierten Rohstoffprogramms zur Verstetigung der Exporterlöse für Rohstoffe durch Preis- und Mengenregulierung, die Einrichtung von Präferenzzöllen für Entwicklungsländer, ferner Verhaltenskodizes für transnationale Unternehmen. Schließlich sollten sich die Industriestaaten verpflichten, die öffentliche Entwicklungshilfe auf 0,7 % des Bruttosozialprodukts zu erhöhen. Zur Verbesserung ihres politischen Einflusses strebten die Entwicklungsländer darüber hinaus eine Kompetenzverlagerung zugunsten solcher Institutionen an, in denen nicht die Industrieländer das Sagen hatten. Im Klartext sollten die Bretton-Woods-Institutionen zugunsten von UNCTAD oder der UN-Organisation für Industrielle Entwicklung (UNIDO) Zuständigkeiten abtreten.

Der Forderungskatalog enthielt aber durchaus auch zahlreiche konservative Elemente. Strukturkonservativ war er eindeutig, wenn es um Anforderungen an die Entwicklungsländer selbst ging. Von Verpflichtungen zu einer guten Regierungsführung war darin keine Rede, dafür um so mehr von wirtschaftlicher Souveränität. Auch wurde die Maxime «Entwicklung durch Handel» nicht infrage gestellt, die sich im Vergleich zum Vorschlag einer Befreiung der Dritten Welt von ihrer Abhängigkeit vom Weltmarkt ebenfalls konservativ ausnahm. Eine Abkopplung vom Weltmarkt war jedenfalls nie Gegenstand der Auseinandersetzung um die Neue Weltwirtschaftsordnung.

Auf der UNCTAD VII kam es im Jahr 1987 zu einer stillschweigenden Beerdigung der Programmatik der Neuen Weltwirtschaftsordnung. Die WTO wird inzwischen generell als zuständiges Verhandlungssystem für welthandelspolitische Entscheidungen anerkannt. In den Worten ihres Generalsekretärs Rubens Ricupero verstand sich die neue UNCTAD als ein «Weltparlament der Globalisierung» ohne verbindliche Beschlusskompetenz, in dem im Vorfeld von WTO-Entscheidungen auf dem Wege des partnerschaftlichen Dialogs ein Konsens zwischen Industriestaaten und Entwicklungsländern über entwicklungs- und welthandelspolitische Fragen angestrebt werden sollte. Während auf der UNCTAD inzwischen versöhnlich von der Globalisierung als einer Chance zur Integration aller Länder in die Weltwirtschaft gesprochen wurde, verlagerten sich die in den siebziger Jahren dort noch vorherrschenden konfrontativen und kapitalismuskritischen Auseinandersetzungen von den Verhandlungsforen des UN-Systems immer mehr auf die Straße. Dabei führten nun auch nicht mehr die Entwicklungsländer, sondern NRO wie *Attac* das Wort. Der eingetretene Kurswechsel lässt sich besonders deutlich in der veränderten Haltung gegenüber transnationalen Wirtschaftsunternehmen ablesen. Noch bis in die achtziger Jahre hatte das inzwischen in der UNCTAD aufgegangene Zentrum der Vereinten Nationen für Transnationale Unternehmen (UNCTC) eine völkerrechtlich verbindliche Reglementierung der Tätigkeiten transnationaler Unternehmen propagiert. Inzwischen reklamiert das UNCTAD-Sekretariat sogar die Urheberschaft für die in den Globalpakt eingegangene Idee einer freiwilligen Selbstverpflichtung von Wirtschaftsunternehmen auf die Einhaltung bestimmter Arbeitsrechts-, Menschenrechts- und Umweltstandards.

In der veränderten Agenda der nachfolgenden UNCTAD-Konferenzen und im neuen Selbstverständnis des UNCTAD-Sekretariats kommt deutlich die veränderte Macht- und Einflussverteilung im Welthandel zugunsten der industrialisierten Welt zum Ausdruck. Die «postliberalen Entwicklungsstrategien», die auf UNCTAD XI im Juni 2004 in Sao Paulo diskutiert wurden, wären in den siebziger Jahren kaum auf die Tagesordnung einer UNCTAD-Konferenz gelangt, weil sie die Überwindung von Unterentwicklung in den Verantwortungsbereich der Entwicklungsländer selbst verwiesen.

Die Regelsetzung für die Weltwirtschaft ging im Rahmen des UN-Systems einher mit Bemühungen um eine sozialverträgliche Gestaltung des Globalisierungsprozesses. Eine Schlüsselrolle spielt dabei die internationale Verbreitung von arbeits- und sozialrechtlichen Standards durch die Internationale Arbeitsorganisation (ILO). Die Gründung der ILO erfolgte bereits am 11. April 1919 unter der Schirmherrschaft des Völkerbundes und reflektierte die schon damals vorhandene Einsicht in den Zusammenhang zwischen sozialer Gerechtigkeit, sozialem Frieden und einem dauerhaften Weltfrieden. Die Organisation hat die internationale Normentwicklung zur weltweiten Verbesserung der Arbeitsbedingungen seither in nicht weniger als 184 Konventionen vorangetrieben, deren Kern die Vereinigungsfreiheit, das Recht auf Kollektivverhandlungen, die Beseitigung der Zwangsarbeit, die Abschaffung der Kinderarbeit und das Verbot der Diskriminierung in Beschäftigung und Beruf bilden. Allerdings ist auch in diesem Bereich eine große Diskrepanz zwischen der Normsetzung und der Normdurchsetzung zu beobachten. Die Adressaten der ILO sind die Staaten, die die international vereinbarten Normen erst in ihr nationales Recht übernehmen müssen, wenn sie Verbindlichkeit erlangen sollen. Selbst dann, wenn dies geschieht, verfügt die ILO nur über schwache Instrumente, um die Einhaltung der übernommenen Verpflichtungen wirksam beeinflussen zu können. Darüber hinaus halten sich große Industrieländer, wie die USA oder Japan, sehr zurück, wenn es um die Übernahme der ILO-Kernarbeitsnormen in das nationale Recht geht.

Die Implementationsschwäche der ILO ist besonders signifikant an den skandalösen Verletzungen grundlegender Arbeits- und Sozialstandards abzulesen, von denen insbesondere Produktionsstätten *(«Sweatshops»)* in Ländern der Dritten Welt betroffen sind. Die öffentliche Skandalisierung der dort herrschenden Missstände durch zivilgesellschaftliche Akteure konfrontierte die Unternehmen unausweichlich mit der Forderung nach einem sozial verantwortlichen Unternehmenshandeln auch dort, wo sie durch die nationale Gesetzgebung nicht rechtsverbindlich zur Einhaltung der ILO-Normen verpflichtet waren. Verschiedentliche Versuche, der Einhaltung von internationalen Arbeits- und Sozialstandards wirksamer zur Durchsetzung zu verhelfen, blieben im Rahmen der zwischenstaatlichen Konferenzdiplomatie allesamt erfolglos. In der WTO verhinderte eine bunte Blockade-Koalition aus Industriestaaten und Entwicklungsländern, dass der handelspolitische Sanktionsapparat der WTO gegen das «Sozialdumping» in Gang gesetzt werden konnte. Während einige Industrieländer die Einführung von Sozialklauseln in das Welthandelsregime als eine Behinderung des freien Welthandels kritisierten, wollten Entwicklungsländer darin ein gezielt gegen sie gerichtetes neues Instrument des Protektionismus erkannt haben.

Im Jahr 1992 scheiterte mit der praktischen Auflösung des UNCTC ein weiterer Anlauf, Regeln für ein sozial verantwortliches Unternehmenshandeln im Rahmen der Vereinten Nationen völkerrechtsverbindlich festzuschreiben. Auch das in der OECD verhandelte «Gegenprojekt» dazu, das Multilaterale Investitionsabkommen (MAI), fiel allerdings 1998 den öffentlichen Protesten zum Opfer, die die französische Regierung schließlich dazu bewegten, ihr Veto einzulegen. Das Abkommen hatte für transnationale Unternehmen eine weitgehende Handlungsfreiheit ohne soziale Verpflichtungen in den Produktionsländern vorgesehen. Damit waren denkbar unterschiedliche Versuche im Sande verlaufen, im Rahmen der herkömmlichen zwischenstaatlichen Konferenzdiplomatie zu einer völkerrechtlich verbindlichen Normsetzung und Normdurchsetzung zu gelangen.

Vor diesem Hintergrund schien der einzige erfolgversprechende Weg aus der Sackgasse in der Hinwendung zu weicheren Formen der politischen Steuerung zu bestehen, mit denen sich grenzüberschreitend tätige Unternehmen freiwillig auf sozial verantwortliche Verhaltensregeln verpflichten sollten. Anlässlich der Jahrestagung des Weltwirtschaftsforums in Davos startete Generalsekretär Annan im Januar 1999 eine auf dieses Ziel gerichtete Initiative zur Kooperation der Vereinten Nationen mit der Wirtschaftswelt. Der von ihm vorgeschlagene Globalpakt sollte die großen *«global players»* in die politische Verantwortung für die Einhaltung und Verbesserung von arbeits- und sozialrechtlichen, menschenrechtlichen und ökologischen Standards nehmen. Als partnerschaftlicher politischer Steuerungsansatz unterschied sich Annans Vorschlag grundlegend von allen vorausgegangenen Versuchen, die «Multis» an die Kette zu legen. Vielmehr wollte er mit Hilfe des Globalpakts das Selbstregulierungspotenzial der Wirtschaft gerade entfesseln und deren enormen finanziellen und technischen Ressourcen in den Dienst von *global governance* stellen. Dies lag im Übrigen auch ganz im Trend des inzwischen vorherrschenden neoliberalen ordnungspolitischen Denkens.

Am 26. Juli 2000 wurde der Globalpakt mit zunächst rund 50 transnationalen Unternehmen in New York ins Leben gerufen. Diese erklärten sich durch ihre Mitwirkung bereit, auf der Basis einer freiwilligen Selbstverpflichtung die folgenden neun Grundsätze in ihrer Geschäftspolitik zu berücksichtigen und zu fördern:

- den Schutz der international verkündeten Menschenrechte
- sich nicht zu Komplizen von Menschenrechtsverletzungen zu machen
- die Wahrung der Vereinigungs- und Tariffreiheit
- die Beseitigung aller Arten von Zwangsarbeit
- die wirksame Abschaffung der Kinderarbeit
- die Beseitigung der Diskriminierung
- den umsichtigen Umgang mit ökologischen Herausforderungen
- Initiativen zum verantwortlichen Umgang mit der Umwelt
- Die Entwicklung und Verbreitung umweltfreundlicher Technologien.

Ihre Ursprünge hatten diese Grundsätze in der Allgemeinen Erklärung der Menschenrechte, den ILO-Vereinbarungen über Kernarbeitsnormen sowie in der Rio-Erklärung der Konferenz der Vereinten Nationen für Umwelt und Entwicklung. Es handelte sich somit durchweg um internationale Normen, die zwar auf zwischenstaatlichen Vereinbarungen beruhten und allgemeine Anerkennung genossen, aber gleichwohl erhebliche Durchsetzungsdefizite aufwiesen, weil sich Staaten nicht oder nur unzureichend um ihre Durchsetzung bemühten. Mit der Verpflichtung zur Bekämpfung der Korruption in all ihren Formen wurde 2004 ein zehnter Grundsatz in die Liste aufgenommen, der noch einmal in besonderer Weise unterstrich, welche Bedeutung das Leitbild von *good governance* inzwischen für die Vereinten Nationen und ihren Generalsekretär gewonnen hatte.

Zu Beginn des Jahres 2005 hatten sich über 1750 Unternehmen zu den Prinzipien des Globalpakts bekannt. Zahlreiche NRO, Verbände und Gewerkschaften sind ebenfalls der Einladung zum Dialog gefolgt. Der Globalpakt repräsentiert für die Vereinten Nationen einen neuartigen Ansatz zur Förderung der internationalen Kooperation «auf wirtschaftlichem und sozialem Gebiet», der von einer grundsätzlichen Bereitschaft seiner unmittelbaren privatwirtschaftlichen Adressaten ausgeht, das eigene Handeln an bestimmten normativen Vorgaben auszurichten. Damit folgen die Vereinten Nationen gerade nicht dem Rollenbild eines weltstaatlichen Reglementierers, sondern allenfalls dem Modell des «aktivierenden» Staates, der weniger danach strebt, selbst zu regulieren, als danach, die Selbstregulierungspotenziale anderer Akteure für den Erfolg des politischen Steuerungsprozesses zu mobilisieren. Mit dem Globalpakt sollen die Unternehmen in einen institutionalisierten Lernprozess eingebunden werden und auf regelmäßig veranstalteten Dialogforen *(Global Compact Learning Forum)* Informationen und Erfahrungen über *best practices* bei der Verwirklichung der Leitziele des Globalpakts austauschen. Die einzige Verpflichtung, die sie dabei eingehen sollen, besteht in der regelmäßigen Berichterstattung über ihre Bemühungen bei der Umsetzung dieser zehn Prinzipien.

Öffentlich-private Partnerschaft, der Appell an «*good corporate citizenship*» anstelle rechtsverbindlicher öffentlicher Regulierung – kann das funktionieren? Warum sollten sich transnationale Unternehmen freiwillig auf die Einhaltung der Grundsätze des Globalpakts verpflichten? Die Reaktion der internationalen Zivilgesellschaft auf den Globalpakt war äußerst gespalten. *Amnesty International*, der *World Wide Fund for Nature* oder *Transparency International* traten selbst dem Globalpakt bei. Andere NRO befürchten dagegen, dass freiwillige Selbstverpflichtungen künftigen Bemühungen um eine rechtsverbindliche Regelsetzung im Wege stehen könnten. Den teilnehmenden Unternehmen wird unterstellt, mit dem Gütesiegel der Vereinten Nationen lediglich kostengünstig Imagewerbung betreiben zu wollen. Der UNO selbst wird vorgeworfen, sie habe sich durch diesen «Pakt mit dem Teufel» den Profitinteressen der Wirtschaft ausgeliefert. In der Tat hat der Globalpakt Kofi Annan den zweifelhaften Ruf eines besonders «wirtschaftsfreundlichen» Generalsekretärs eingebracht.

So berechtigt diese Kritik an der «Verweichlichung» der politischen Steuerungsinstrumente der Vereinten Nationen auch immer sein mag: Auch sie kommt nicht daran vorbei anzuerkennen, dass die zwischenstaatlichen Bemühungen um eine rechtsverbindliche Reglementierung allesamt scheiterten. In diesem Scheitern manifestierten sich zugleich die Grenzen eines Politikmusters, das auf eine Regulierung *der* und nicht gemeinsam *mit den* Regelungsadressaten setzte. Diese Feststellung führt unmittelbar hin zu einer offensiveren Argumentation zugunsten des Globalpakts. Der darin verkörperte partnerschaftliche Steuerungsansatz steht in völligem Einklang mit einer durch die *global governance*-Debatte in den Mittelpunkt gerückten politischen Steuerungsphilosophie, der zufolge es die Komplexität der Zukunftsaufgaben zwingend erfordert, alle Akteure mit ins Boot zu holen, die über problemlösungsrelevante Ressourcen verfügen, unabhängig davon, ob es sich dabei um staatliche, internationale, zivilgesellschaftliche oder privatwirtschaftliche Akteure handelt.

Ob die Hoffnungen berechtigt sind, die in die transnationalen Unternehmen gesetzt werden, kann heute niemand abschließend beurteilen. Skepsis ist zweifellos angebracht, denn schließlich sind Wirtschaftsunternehmen vor allem den Gesetzen des Marktes unterworfen und keine Wohltätigkeitsorganisationen. Allerdings könnte ihnen bereits die Einsicht in den ökonomischen Nutzen eines umfassenden Risiko- und Reputationsmanagements einen ausreichenden Anreiz bieten, an der Schließung von Regelungslücken mitzuwirken, die im Zuge der Globalisierung entstanden sind. Schließlich sind gerade transnationale Unternehmen auf verlässliche und weltweit gültige Rahmenbedingungen angewiesen – Rahmenbedingungen, die herzustellen bisher weder die staatlichen noch die zwischenstaatlichen Regelungsbemühungen in der Lage oder willens waren. Außerdem könnte der Globalpakt eine normative Eigendynamik entfalten, deren Wirksamkeit nicht unterschätzt werden sollte.

Für das Selbstverständnis der Vereinten Nationen stellte die Initiative Annans eine Weichenstellung dar, die mit der Überschrift «Auslieferung an die wirtschaftliche Macht» nur sehr unzureichend beschrieben wäre. Sic signalisiert die Bereitschaft zur Öffnung einer ursprünglich ausschließlich zwischenstaatlichen internationalen Organisation für Akteure aus dem privaten Sektor und erfolgt in der Absicht, auch deren Problemlösungskompetenzen unmittelbar in den Dienst der Ziele der Weltorganisation zu stellen. Insoweit steht der Globalpakt stellvertretend für eine *gesellschaftliche Öffnung* und damit zugleich für eine bestimmte Form der «Entstaatlichung» des zwischenstaatlichen Regierens im Rahmen der Vereinten Nationen. Für eine andere Form steht die Errichtung des Internationalen Strafgerichtshofs (IStGH). Darin kommt eine Tendenz der internationalen Verrechtlichung zum Ausdruck, deren supranationale Züge sich auf die Dominanz souveräner Staatlichkeit nicht minder stark relativierend auswirken. Beiden Spielarten der «Entstaatlichung» ist gemeinsam, dass sie auf die Defizite einer rein zwischenstaatlichen Normsetzung und vor allem Normdurchsetzung reagieren.

VII. Reformperspektiven

Der Reformbedarf der Vereinten Nationen weist weit über das Ziel der Effizienzsteigerung hinaus. Es geht dabei vielmehr darum, die wachsende Kluft zu überbrücken, die sich zwischen einem ursprünglich auf Probleme innerhalb der Staatenwelt zugeschnittenen institutionellen Lösungsangebot auf der einen Seite und einem sich davon loslösenden globalen Problemhaushalt andererseits aufgetan hat. Bei der Schließung dieser Problemlösungslücke muss jedoch auch die Partizipationslücke im Auge behalten werden, die mit der Verlagerung politischer Entscheidungen in von den Bürgerinnen und Bürgern weit entfernte internationale Verhandlungsforen einhergegangen ist. Die folgende Auseinandersetzung mit der gegenwärtigen Reformdebatte wird sich exemplarisch auf zwei zentrale Reformprojekte konzentrieren: zum einen auf die Reform des kollektiven Sicherheitssystems der UNO am Beispiel des Selbstverteidigungsrechts und der Ausweitung von Interventionsgründen, zum anderen auf die Erweiterung des Sicherheitsrats und die Öffnung der Vereinten Nationen gegenüber privaten Akteuren. Anhand dieser beiden Themen soll auch geprüft werden, inwieweit Kriterien der Effektivität und der demokratischen Legitimität in der Reformdiskussion Berücksichtigung finden.

Nicht vergessen werden sollte dabei auch, dass eine Reform der Charta gemäß Artikel 108 nicht allein der Zustimmung von zwei Dritteln der Mitglieder der Generalversammlung bedarf, sondern auch von zwei Dritteln der UNO-Mitglieder einschließlich aller fünf ständigen Mitglieder des Sicherheitsrats ratifiziert werden muss. Es ist daher kein Zufall, dass für so einschneidende Veränderungen wie etwa den Aufbau einer internationalen Strafgerichtsbarkeit nicht der Weg über eine Revision der UNO-Charta gewählt wurde, sondern diese Reformen durch

Beschlussfassungen des Sicherheitsrats bzw. in Form von internationalen Verträgen realisiert wurden.

I. Mehr Effektivität durch eine Reform des kollektiven Sicherheitssystems?

Wie wir bereits gesehen haben, stößt das System kollektiver Sicherheit der UNO an seine Grenzen, wenn damit private Kriegsherren und terroristische Netzwerke in die Pflicht genommen werden sollen. Wenn ein Staat sich einer terroristischen Bedrohung ausgesetzt sieht, wächst damit die Bedeutung seiner einzig noch verbleibenden Alternative: der Wahrnehmung des Rechts auf individuelle und kollektive Selbstverteidigung. Die Charta sieht jedoch völkerrechtliche Beschränkungen dieses Rechts vor. Ob es unter diesen Umständen zur Abwehr eines terroristischen Angriffs überhaupt noch taugt, ist fraglich.

Das Missverhältnis zwischen drohenden Gefahren und den erlaubten Möglichkeiten zur Gefahrenabwehr ist nicht ganz neu. Es besteht, seit es die waffentechnische Entwicklung erlaubt, ohne große Vorwarnzeiten umso größere Schäden zuzufügen. Durch das Risiko terroristischer Anschläge gewinnt dieses Missverhältnis aber eine neue Qualität: Mit deren zeitlicher und räumlicher Unvorhersagbarkeit verwischt sich der Unterschied zwischen dem Vorliegen einer Bedrohung und einer Angriffshandlung. Die neuen Gefahrenszenarien scheinen daher eine Vorverlagerung von Verteidigungsmaßnahmen unumgänglich zu machen. Die USA gingen nach dem 11. September 2001 ebenso wie Russland nach dem Massaker in Beslan im August 2004 dazu über, dieses Argument für die Rechtfertigung einer faktischen Aufhebung jeglicher völkerrechtlicher Beschränkungen bei der Ausübung ihres Selbstverteidigungsrechts zu nutzen.

Wenn die Entscheidung über die Zulässigkeit von Gewalteinsätzen zur Selbstverteidigung wieder in das Belieben jedes einzelnen Staates zurückfallen würde, der sich bedroht fühlt, bliebe von der zivilisatorischen Errungenschaft des völkerrechtlichen Gewaltverbots nur noch eine Fassade übrig. Jeder Staat könnte sich zum selbsternannten Sheriff in eigener Sache aufschwingen und sich damit zugleich über das internationale Recht erheben. Allerdings wäre auch dessen Autorität bedroht, wenn sich Sicherheit tatsächlich nur noch durch das Unterlaufen der zu ihrer Wahrung in der Charta der Vereinten Nationen verankerten Grundsätze herstellen ließe. Artikel 51 wäre überholt, wenn sich bedrohte Staaten dadurch nicht mehr ausreichend geschützt sehen würden.

Zu der neuen Auffassung, dass es sich bei Terrorakten überhaupt um eine Bedrohung der internationalen Sicherheit handelt, die Zwangsmaßnahmen nach Kapitel VII der Charta rechtfertigt, hat sich der Sicherheitsrat schrittweise durchgerungen. Den ersten Schritt in diese Richtung tat er mit der Resolution 731 am 21. Januar 1992 anlässlich des Bombenanschlags, der zum Absturz eines amerikanischen Verkehrsflugzeugs über der schottischen Ortschaft Lockerbie geführt hatte. Als Friedensgefährdung wurde in diesem Fall allerdings erst die Weigerung Libyens qualifiziert, die vom Sicherheitsrat beschlossenen Maßnahmen zur Bekämpfung des Terrorismus umzusetzen und die verdächtigten libyschen Staatsangehörigen auszuliefern. Auf dieser Grundlage wurden dann Zwangsmaßnahmen gegen das Land erlassen.

Die auf die Anschläge des 11. September 2001 folgenden Sicherheitsratsresolutionen 1368 und 1373 gingen einen Schritt weiter: Die Terroranschläge selbst wurden nun unmittelbar als eine Sicherheitsbedrohung gewertet, die den Selbstverteidigungsfall auslösen kann. Allerdings brachte die gleichzeitige Bezugnahme auf Artikel 39, der sich sowohl auf Angriffshandlungen als auch auf die Bedrohung des Friedens bezieht, und auf Artikel 51, der das Recht auf Selbstverteidigung nur im Fall eines Angriffs vorsieht, die in der Charta vorgesehene Unterscheidung zwischen erlaubter und verbotener Gewalt durcheinander. So konnten die beiden Resolutionen mit ihrem pauschalen Verweis auf Kapitel VII der Charta in der Folge dafür herhalten, um unter Berufung auf drohende terroristische Gewaltakte militärische Selbstverteidigungsmaßnahmen gegen terroristische Organisationen auf dem Territorium von «Unterstützerstaaten» zu ergreifen. Der am 7. Oktober 2001 erfolgte Angriff der USA und Großbritanniens auf die von den Taliban beherrschten Gebiete Afghanistans wurde unter Verweis auf Resolution 1373 und auf Artikel 51 der Charta mit der fortgesetzten Unterstützung von Al Qaida durch die Taliban gerechtfertigt.

Solange sie keine effektive völkerrechtskonforme Alternative sehen, ist zu befürchten, dass Staaten, wenn sie dazu in der Lage sind, wieder vermehrt und einseitig auf das Mittel der Selbsthilfe zurückgreifen werden. Kofi Annan beauftragte angesichts dieser Gefahr eine Hochrangige Gruppe für Bedrohungen, Herausforderungen und Wandel (*High-Level Panel on Threats, Challenges and Change*) damit, hierzu Lösungsvorschläge auszuarbeiten. Diese Gruppe bekräftigt in ihrem 2004 vorgelegten Bericht das Monopol des Sicherheitsrats auf die Autorisierung jeglicher Anwendung von Gewalt gegenüber dem Anspruch eines Staates auf ein naturgegebenes Selbstverteidigungsrecht. Diese Bekräftigung des Prinzips «Recht vor Macht» geht mit einer gleichzeitigen Senkung der Interventionsschwelle einher. So soll die Autorisierung von Zwangsmaßnahmen durch den Sicherheitsrat bereits bei dem dringenden Verdacht möglich sein, dass terroristische Gruppierungen Massenvernichtungswaffen erwerben.

Eine noch weiter gehende Öffnung des kollektiven Sicherheitssystems nicht nur auf die Befassung mit transnationalen, sondern darüber hinaus auch mit innergesellschaftlichen Konfliktlagen könnte die Ausweitung von Interventionsgründen auf humanitäre Bürgerkriegskatastrophen bedeuten. Die «Hochrangige Gruppe» stellte in ihrem Bericht eine kollektive internationale Verantwortung angesichts von Völkermord, ethnischen Säuberungen und schwersten Menschenrechtsverletzungen fest. Erstmalig wären damit humanitäre Interventionen auch als solche bereits völkerrechtlich zulässig.

Die Vorschläge des Reform-Panels zur Erweiterung der Zuständigkeit des Sicherheitsrats auf Bedrohungen, von denen nicht primär Staaten, sondern Menschen betroffen sind und die auch nicht aus der Staatenwelt kommen, sondern die an deren Bruchstellen in Gestalt von Terrorismus, Staatsverfall und Bürgerkriegen auftreten, könnten den Weg zu einem umfassenderen Verständnis von kollektiver Sicherheit ebnen. Nachhaltige Sicherheit erfordert allerdings auch eine konsequentere präventive Bekämpfung der Ursachen von Konflikten. Um etwa dem Anspruch gerecht zu werden, auch Schutz vor den Gefahren bieten zu können, die von der «Massenvernichtungswaffe» Armut ausgehen, wird auch eine erleichterte Autorisierung von Zwangsmaßnahmen durch den Sicherheitsrat allein nicht ausreichen.

2. Demokratische Legitimität: Erweiterung des Sicherheitsrats oder Einbindung privater Akteure?

Die Vereinten Nationen scheinen im Unterschied zum Völkerbund das Ziel der Universalität erreicht zu haben. Praktisch alle Staaten gehören ihnen an und bekennen sich damit zu den Zielen der Charta. Ironischerweise ist diese Universalitätsvorstellung aber anachronistisch geworden, weil sie sich auf eine *staatenweltliche* Grundgesamtheit beschränkt. Vor allem aber fehlt dieser Beschränkung eine *normative* Rechtfertigung, sofern man die Anforderungen an die demokratische Legitimität des grenzüberschreitenden Regierens nicht mehr von der Souveränität des Staates, sondern von der Souveränität des Individuums her bestimmt.

Die Vorschläge zur Demokratisierung der Vereinten Nationen unterscheiden sich bereits darin, um *wessen* Demokratie es dabei gehen soll. Für die Anhänger der Formel «Ein Land – eine Stimme» geht es allein um die Demokratie innerhalb der Staatenwelt. Unter der Annahme, alle Staaten seien ihrerseits Demokratien, erschöpft sich der Reformbedarf dann in Forderungen nach einer regional ausgewogeneren Zusammensetzung des Sicherheitsrats, einer Abschaffung des Vetorechts für die ständigen Mitglieder und gegebenenfalls noch einer stärkeren Kontrolle des Sicherheitsrats durch andere Organe der UNO. Betrachtet man Demokratie hingegen vom Anspruch des eigentlichen Souveräns, also des Individuums her, aus Gründen der Selbstbestimmung und Herrschaftskontrolle auch an dem Regieren in internationalen Organisationen beteiligt zu werden, dann müssen die Reformforderungen sehr viel weiter gehen und auf eine Stärkung der Einflussnahme nichtstaatlicher Akteure auf die internationalen Entscheidungsprozesse hinauslaufen. Damit stellen sich allerdings auch Fragen nach möglichen Auswahlkriterien, nach den Formen der Einbindung und nach den damit verbundenen Rechten und Pflichten.

Die Mitwirkungsmöglichkeiten für Nichtregierungsorganisationen sind in dem von Kofi Annan 2003 in Auftrag gegebenen «Cardoso Report» umfassend thematisiert worden. Sie reichen heute längst über die in der Charta sowie in den einschlägigen ECOSOC-Resolutionen festgelegten formellen Rechte hinaus. Es besteht eine Vielfalt formeller, halb-formeller und informeller Formen der Einbindung und Einflussnahme. Sie reichen vom offiziellen Beobachterstatus zur Veranstaltung von Gegenkonferenzen, von traditionellen Lobbytätigkeiten bis zur Mitgliedschaft in staatlichen Verhandlungsdelegationen. Im Bereich des internationalen Menschenrechtsschutzes können NRO bei der Menschenrechtskommission in Genf eigene Länderberichte einreichen, in denen sie Informationen über Menschenrechtsverletzungen in einzelnen Staaten liefern. Selbst zu den Mitgliedern des Sicherheitsrats bestehen informelle, aber fest etablierte regelmäßige Konsultationsbeziehungen.

Die Bedeutung der NRO ergibt sich aus der Wahrnehmung einer Vielzahl weiterer Funktionen: Sie können im Anfangsstadium eines Politikprozesses dazu beitragen, dass ein Problem überhaupt erst den Sprung auf die Agenda einer internationalen Organisation schafft. Sie können beratend bei der Ausarbeitung politischer Programme mitwirken. NRO können die Vereinten Nationen darüber hinaus auch bei der Durchsetzung internationaler Übereinkommen unterstützen, indem sie Überwachungslücken schließen, wo staatliche und zwischenstaatliche Kontrollmechanismen nur schwach ausgebaut sind. Das gilt insbesondere für den internationalen Menschenrechtsschutz. In diesem Bereich sind es immer wieder die zivilgesellschaftlichen Menschenrechtsorganisationen gewesen, die Menschenrechtsverletzungen öffentlich machten und menschenrechtsverletzende Regierungen zwangen, öffentlich vertretbare Rechtfertigungsgründe für ihr Verhalten vorzutragen.

Die Wahrnehmung dieser Funktionen liefert gute Gründe für eine stärkere Einbindung von NRO. Deren Mitwirkung wird auf diese Weise allerdings nicht damit gerechtfertigt, dass sie dazu beitragen, die demokratische Legitimität der UNO zu erhöhen, sondern allein mit dem Nutzen, den sich die Organisation von den Problemlösungsressourcen verspricht, über die die NRO verfügen. Auch die Öffnung der Vereinten Nationen gegenüber den transnationalen Unternehmen im Rahmen des Globalpakts wird im Wesentlichen damit begründet, dass staatliche und nichtstaatliche Akteure über sich ergänzende Problemlösungsressourcen verfügen, die zusammengelegt werden müssen, um den sozialen, wirtschaftlichen und ökologischen Fortschritt zu fördern.

Wenn es aber vorrangig um die Einbindung zusätzlicher Problemlösungsressourcen geht, müssten dann nicht auch die privaten Akteure aus der transnationalen «Unterwelt», also alle in gewaltsame Konflikte verwickelten Kriegsherren, Rebellen, Separatisten, Befreiungsbewegungen und in letzter Konsequenz selbst Terrorgruppen eine offizielle Anerkennung als Völkerrechtssubjekte mit Rechten und Pflichten finden, um dann unter ihrer Mitwirkung eine effektivere Konfliktregelung möglich zu machen? Historische Beispiele dafür gibt es durchaus. Die PLO hatte seit Anfang der siebziger Jahre einen Beobachterstatus bei der Generalversammlung, während sie von Israel immer noch als Terrororganisation betrachtet wurde. Die namibische Befreiungsorganisation SWAPO wurde vom Sicherheitsrat als Konfliktpartei sogar mit der Republik Südafrika gleichgestellt. In die friedenskonsolidierenden Bemühungen um den Wiederaufbau des afghanischen Staates wurden auch die Warlords eingebunden. Warum sollten sich durch eine solche Einbindung in die Wahrnehmung von öffentlichen Sicherheitsfunktionen nicht auch Kriegsherren in «Friedensfürsten» verwandeln können?

Provokante Fragen, in der Tat. Die öffentliche Debatte in Deutschland über die Reform der Vereinten Nationen spielt sich allerdings weit diesseits solcher Überlegungen ab. Sie ist nahezu ausschließlich auf die Reform des Sicherheitsrats konzentriert. Beim Sicherheitsrat handelt es sich fraglos um das mit den weitreichendsten Kompetenzen ausgestattete UNO-Organ und um das Kernstück des kollektiven Sicherheitssystems. Insoweit sind auch die diplomatischen Bemühungen Deutschlands um einen eigenen ständigen Sitz nachvollziehbar, in denen sich der Anspruch des drittgrößten Beitragszahlers auf ein größeres politisches Gewicht in den Vereinten Nationen manifestiert. Auch wenn gerade das bisherige Verhalten Deutschlands vorbildhaft demonstriert, dass sich auch Staaten «aus der zweiten Reihe» ihrer weltpolitischen Verantwortung nicht zu entziehen brauchen, werden Reformüberlegungen immer lauter, die darauf abzielen, die Zusammensetzung, die Entscheidungsprozeduren und die Kompetenzen des Sicherheitsrats auf die weltpolitischen Realitäten und die Aufgaben des 21. Jahrhunderts neu auszurichten.

In dem bereits erwähnten Bericht der von Generalsekretär Annan eingesetzten Hochrangigen Gruppe für Bedrohungen, Herausforderungen und Wandel werden zwei Vorschläge zur Erweiterung des Sicherheitsrats gemacht. Dem ersten Modell zufolge würde der Sicherheitsrat um weitere sechs ständige und drei wechselnde Mitglieder erweitert. Die am meisten gehandelten Kandidaten für die zusätzlichen ständigen Sitze, die allerdings kein Vetorecht hätten, sind Deutschland, Brasilien, Indien, Japan, Ägypten und entweder Nigeria oder Südafrika. Nach dem zweiten Modell würden neben die fünf ständigen Mitglieder acht «halbständige» mit einer vierjährigen Amtszeit sowie elf weitere Mitglieder treten, die auf zwei Jahre gewählt werden sollen. Beide Varianten würden zumindest zu einer regional ausgewogeneren Repräsentation beitragen. Eine «Demokratisierung» würde dies freilich noch nicht einmal nach dem bescheidenen Kriterium der Staatendemokratie («Ein Land – eine Stimme») bedeuten, weil die Sonderstellung der fünf bisherigen ständigen Mitglieder unangetastet bliebe.

Beide Vorschläge verkörpern ein auf die klassische zwischenstaatliche Diplomatie beschränktes Reformangebot, das sowohl gegenüber den Effektivitätsanforderungen der nichtstaatlichen Herausforderungen als auch gegenüber den auf das individuelle Selbstbestimmungsrecht und auf die Kontrolle staatlicher Herrschaft bezogenen demokratischen Anforderungen zu kurz greift. Die Formel «*We the peoples*» bleibt wohl auch in der gegenwärtigen Debatte über die Reform des Sicherheitsrats weiterhin die große, nicht eingelöste Verheißung der UNO-Charta. Die Vereinten Nationen sind in den Augen der Regierungen ihrer Mitgliedstaaten nach wie vor keine Organisation der Völker, sondern eine der Regierungen. Aber wer soll die vielbeschworenen Völker repräsentieren? Erhält das UN-System durch die Partizipation von NRO als den organisierten Verbindungsgliedern zur gesellschaftlichen Basis eine höhere demokratische Legitimität? In einer Hinsicht wäre damit immerhin ein Moment von *checks and balances* ins Spiel gebracht: Der machtpolitischen Instrumentalisierbarkeit durch die Staaten würde sich die UNO durch die Einbindung anderer Mitglieder möglicherweise ein Stück weit entziehen können.

Aber vor allem die rapide Zunahme der informellen und halboffiziellen Formen der Mitwirkung von NRO wirft neue Legitimitätsprobleme auf. Unter dem Gesichtspunkt der demokratischen Legitimität ist daher wiederholt die Forderung erhoben worden, die gesellschaftliche Repräsentation nicht allein den NRO als den selbsternannten fachlichen und moralischen Autoritäten zu überlassen, da diese über keine ausreichende demokratische Legitimation und über eine fragwürdige Repräsentativität verfügten. Wie begründet sind solche Einwände? Die bereits angesprochene ECOSOC-Resolution 1996/31 macht den Mitwirkungsanspruch von NRO von einer ganzen Reihe von Voraussetzungen abhängig. Einen Konsultativstatus als NRO kann nur eine nationale, subregionale, regionale oder transnationale Organisation erhalten,

- deren Kompetenz und Repräsentativität in einem bestimmten Politikbereich, der in die Zuständigkeit des Wirtschafts- und Sozialrats fällt, anerkannt ist
- deren Ziele mit denen der UNO-Charta in Übereinstimmung stehen
- die über einen Sitz, eine demokratisch legitimierte Satzung und ein rechenschaftspflichtiges Exekutivorgan verfügt
- die berechtigt ist, für ihre Mitglieder zu sprechen
- deren interne Struktur den Mitgliedern eine effektive Kontrolle der verfolgten Politik ermöglicht

- die nicht auf einen staatlichen oder zwischenstaatlichen Gründungsakt zurückgeht und
- die ihre Finanzierung vorwiegend aus Mitgliedsbeiträgen erhält und Einnahmen aus anderen Quellen offen legt.

Ungeachtet dieses Anforderungskatalogs wurden von wissenschaftlicher wie von praktischer Seite Vorschläge ins Spiel gebracht, die «Exekutivlastigkeit» der Organisationen und Foren des UN-Systems durch eine «Parlamentarisierung» zu vermindern und die gesellschaftlichen Mitwirkungsmöglichkeiten auf eine Weise zu formalisieren, die demokratischen Anforderungen genügt. Wenn man den institutionell vielleicht radikalsten unter diesen Vorschlägen, die Einrichtung einer Bürgerkammer *(«Peoples' Assembly»)* als einer zweiten Kammer neben der bestehenden und aus Regierungsvertretern zusammengesetzten Generalversammlung, mit der bisherigen Praxis der Einbindung von NRO vergleicht, wird deutlich, welch unterschiedliche Demokratieverständnisse dabei jeweils zugrunde liegen. Die Idee einer zweiten Kammer nach dem Motto «Parlamentarier aller Länder, vereinigt euch!» orientiert sich an dem institutionellen Gefüge eines demokratischen Staates und offenbart damit ein weltstaatliches Verständnis der Vereinten Nationen. Die bisherigen Ausführungen sollten allerdings gezeigt haben, dass die UNO sich nur sehr begrenzt in (welt-)staatlichen Kategorien erfassen und noch weniger nach dem Modell eines Nationalstaates demokratisieren lässt. Politik in den Vereinten Nationen spielt sich zwischen formal gleichen Staaten ab, deren Regierungen ihre Kompetenz nicht an eine supranationale Instanz abtreten wollen. Regelsetzung und Regeldurchsetzung erfolgen in den meisten Bereichen horizontal und auf dem Wege der Selbstregulierung. Entscheidungen müssen Resultate kompromiss- und verständigungsorientierter Prozesse sein, denn ihr Verbindlichkeitsgrad hängt von der Bereitschaft der Regelungsadressaten ab, ihnen freiwillig Folge zu leisten. Der dafür erforderliche Politikstil besteht im Argumentieren und Verhandeln und nicht in der Unterwerfung unter parlamentarische Mehrheitsentscheidungen.

Damit ist man jedoch bereits beim Verständnis der Vereinten Nationen als einem Verhandlungs- und Entscheidungssystem angekommen, in dem Politik sich als eine Summe horizontaler und sachbezogener Selbstregulierungsansätze darstellt, als Regieren ohne Regierung («*governance without government*»). Eine Demokratisierung der Vereinten Nationen, wie auch des Regierens im Raum jenseits des Staates überhaupt, kann sich aus diesem Blickwinkel nicht an dem Vorbild der staatlichen Mehrheitsdemokratie orientieren, weil deren Voraussetzungen – wie eine belastbare Wir-Identität, Solidarität und wechselseitiges Vertrauen, ohne die Minderheiten nicht bereit sind, sich Mehrheitsbeschlüssen zu beugen – außerhalb des Staates nicht zur Verfügung stehen. Deshalb kann für institutionelle Lösungsansätze dort auch nicht das Modell der staatlichen Mehrheitsdemokratie zum Maßstab genommen werden, sondern es kommt dafür eigentlich bloß das der internationalen Verhandlungsdemokratie in Betracht. Es entspricht dem Wesen von *global governance* auch viel besser, weil in beiden Fällen nicht die Ausübung und Kontrolle von Herrschaft, sondern die Suche nach einvernehmlichen Lösungen für Sachprobleme in einem bestimmten Aufgabenfeld im Vordergrund steht.

Wenn man die Frage nach der demokratischen Legitimität in diesen Kontext stellt, dann ergeben sich daraus Kriterien für Beteiligungsrechte und Repräsentation, die sich von denen der parlamentarischen Mehrheitsdemokratie unterscheiden. Die Anerkennung von Partizipationsansprüchen nichtstaatlicher Akteure hängt nun nicht mehr primär davon ab, ob sie sich auf ein aus Wahlen hervorgegangenes Mandat stützen können, sondern davon, dass ihre Mitwirkung zu einer möglichst vollständigen Berücksichtigung von Betroffeneninteressen und Sachaspekten beiträgt, damit möglichst «gute» Entscheidungen getroffen werden können, die nicht zu Lasten Dritter gehen. NRO und privatwirtschaftliche Unternehmen sind im UN-System in der Regel weder mit Entscheidungsbefugnissen ausgestattet noch in parlamentarische Mehrheitsentscheidungen eingebunden. Ihre partnerschaftliche Mitwirkung im Rahmen von *global governance* erfolgt vielmehr innerhalb von partnerschaftlichen

Multi-Stakeholder-Netzwerken, in denen dialogische Politikmuster vorherrschend sind. Eine «Stimme» haben die daran Beteiligten zwar auch, aber nicht, um sie bei Abstimmungen zählen zu lassen, sondern um damit bestimmten Anliegen Gehör zu verschaffen. Solange sich die Beteiligungsansprüche privater Akteure allein auf die Mitwirkung an konsensorientierten Formen der Entscheidungsfindung beziehen, bedürfen sie auch nicht der Eintrittskarte, die für ein durch Mehrheitsabstimmungen entscheidendes Parlament benötigt wird – nämlich der Legitimation durch Wahlen. NRO hätten damit bereits als organisierte Vertreter von sektoralen Betroffeneninteressen und allgemein anerkannter Anliegen einen Anspruch auf Beteiligung.

Die partnerschaftliche Einbindung privater Akteure in die Aktivitäten des UN-Systems bestätigt und dementiert zugleich die Betrachtungsweise der UNO als ein horizontales Verhandlungssystem. Denn im Unterschied zu der mit diesem Rollenverständnis einhergehenden Beschreibung der UNO als einer internationalen Institution zur Verfügung der Staaten markiert die Öffnung gegenüber Gesellschaft und Wirtschaft auch den Übergang von *international governance* zu *global governance* im Rahmen der Vereinten Nationen. Strukturell findet dieser Übergang derzeit noch in einer sehr wildwüchsigen und unübersichtlichen Form statt. Das hat nicht zuletzt damit zu tun, dass es noch keine, der bereits mehrfach zitierten Losung «Ein Land – eine Stimme» vergleichbare einfache Formel dafür gibt, wie Multi-Stakeholder-Institutionen zusammengesetzt sein sollten.

Allerdings ist im Rahmen der UNO in Gestalt der ILO bereits ein traditionsreiches Modell dafür vorhanden, wie sich die Mitwirkung anerkannter «Anwälte» von gesellschaftlichen Betroffeneninteressen organisieren lassen könnte. Ähnlich, wie sich das innerstaatlich an korporatistischen Strukturen beobachten lässt, in denen gesellschaftliche Großverbände von der Regierung institutionell in die Formulierung und Umsetzung politischer Entscheidungen eingebunden werden, folgt auch die ILO einem Partizipationsmodell, das Regierungsvertreter und Verbändevertreter mit gleichen Rechten versieht. Dabei sind die auf dem Sektor Arbeitsbeziehungen als relevant betrachteten Stakeholder, die nationalen Arbeitnehmer- und Arbeitgeberorganisationen, nicht nur vollständig, sondern auch mit gleichem Entscheidungsrecht wie die Regierungen vertreten. Als ein generelles Modell zur Öffnung aller Organe und Organisationen der Vereinten Nationen gegenüber gesellschaftlichen Beteiligungsansprüchen setzt die ILO mit ihrem korporatistischen Konzept allerdings einen sehr hohen Organisationsgrad und eine ebenso hohe Verpflichtungsfähigkeit der jeweiligen Interessenorganisationen gegenüber ihren Mitgliedern voraus, die es bisher in den wenigsten Politikbereichen auf der internationalen Ebene gibt. Aber beispielsweise könnte man sich eine nach dem Muster der ILO öffentlich-privat zusammengesetzte internationale Umweltorganisation durchaus vorstellen.

3. Was wird aus der UNO?

Welchen Weg wird die Reform des UN-Systems gehen? Lassen die kursierenden Reformüberlegungen so etwas wie eine integrierende institutionelle Leitidee und eine einheitliche Entwicklungsrichtung erkennen? Die meisten institutionellen Reformansätze können dem Ziel einer Stärkung der operativen und der regulativen Effizienz und Effektivität der Problemlösungskapazitäten der UNO zugeordnet werden und stellen jedenfalls keine Schritte zur Errichtung einer Weltregierung dar. Auch institutionelle Innovationen wie die internationalen Strafgerichtshöfe eignen sich bei näherem Hinsehen in geringerem Maß als vermutet als Belege für einen supranationalen Reformkurs. Angesichts der Diskussion um die Reform des Sicherheitsrats, die sich unverkennbar unter den Vorzeichen von Machtgewinn und Machtverlust abspielt, wäre es aber möglicherweise vorschnell, den «Sieg» im Wettbewerb der konkurrierenden Deutungsangebote dem Rollenverständnis der UNO als einem horizontalen Verhandlungssystem zuzuerkennen. Zwischen der Annan-Initiative zu einer partnerschaftlichen Einbindung auch der nichtstaatlichen Stakeholder und damit zur Positionierung der Vereinten Nationen als dem institutionellen Rückgrat von *global governance* auf der einen Seite und der noch ausstehenden Reaktion der Staatenwelt darauf auf der anderen Seite tut sich ein Spannungsverhältnis auf, dessen Ergebnis noch nicht abzusehen ist.

Betrachtet man das System der Vereinten Nationen als das einzige zur Verfügung stehende universale und alle Politikbereiche umfassende institutionelle Angebot zur gemeinsamen politischen Bearbeitung grenzüberschreitender Probleme im Weltmaßstab, dann erscheint die Einbindung privater Akteure als die einzig sachgerechte Antwort auf immer enger begrenzte staatliche Handlungsmöglichkeiten und damit zugleich als die zukunftsträchtigste aller Überlebensstrategien für die Vereinten Nationen. Mit einer Demokratisierung der UNO darf aber eine sich allein auf Effektivitätsüberlegungen gründende Öffnung nicht verwechselt werden. Von ihr würden nur diejenigen wirtschaftlichen und zivilgesellschaftlichen Gruppen und Organisationen profitieren, die auch Problemlösungsressourcen anzubieten hätten. Am Ende könnten dazu möglicherweise auch «Störenfriede» wie private Kriegsherren gehören, die sich ihre Kooperationsbereitschaft mit einem völkerrechtlichen Statusgewinn und mit der Anerkennung von Mitwirkungsrechten abkaufen lassen. Mit den Anforderungen des Kongruenzgebots der Demokratie, demzufolge für diejenigen, die von einer politischen Entscheidung betroffen sind, auch die Möglichkeit bestehen muss, an dieser Entscheidung mitzuwirken, wäre ein solcher Selektionsmechanismus unvereinbar. Es bleibt abzuwarten, inwieweit der originär demokratische Impetus von Leitideen wie der der Nachhaltigkeit oder von *good governance* hierzu ein Korrektiv bilden können wird.

Welchen Hintergrund die sich gegenwärtig vollziehende Öffnung des UN-Systems gegenüber nichtstaatlichen Akteuren auch immer haben mag: Als seine eigentlichen Verlierer erscheinen stets die Staaten. Nachdem ihnen durch die Errichtung des IStGH und durch die Ausweitung der Gründe für Zwangsmaßnahmen nach Kapitel VII auf die Behebung innerstaatlicher Missstände schon immer mehr Einschränkungen ihrer Souveränität zugemutet werden, sollen sie sich nun auch noch den von der zwischenstaatlichen Diplomatie bisher exklusiv bevölkerten politischen Raum künftig mit anderen teilen. Diese Diffusion von Einflussmöglichkeiten auf eine Vielzahl unterschiedlicher Akteurstypen verändert sowohl die Bedeutung der zwischenstaatlichen Ebene als auch die Rolle des Staates beim grenzüberschreitenden Regieren überhaupt. Betrachtet man die UNO von der machtpolitischen Warte aus als ein Instrument von Hegemonialstaaten, dann müsste das Hinzutreten zusätzlicher Akteursgruppen unweigerlich zu einem Akzeptanzverlust der UNO innerhalb der Staatenwelt und vor allem bei den Weltmächten führen, weil sich ihre machtpolitische Instrumentalisierbarkeit dadurch deutlich verringern würde. Ein neuerliches Abgleiten der Vereinten Nationen in das (staaten-)weltpolitische Abseits könnte die Folge sein.

Eine solche nullsummenhafte Aufrechnung in gesellschaftliche Gewinner und staatliche Verlierer kann in den Denkkategorien von *global governance* indes nur in die Irre führen: Mit dem Eindringen nichtstaatlicher Akteure in das einstmals allein den staatlichen Regierungen vorbehaltene Terrain des grenzüberschreitenden Regierens vollzieht sich lediglich zeitverzögert ein Übergang zu neuen Politikmustern, den die meisten Industriestaaten in ihrem Inneren längst akzeptiert und vollzogen haben, um ihre politische Handlungsfähigkeit zu erhalten. Nachdem der Staat im Inneren Ordnungsaufgaben übernommen hatte, die er allein auf dem Verordnungsweg nicht mehr bewältigen konnte, musste er in seinem eigenen Selbsterhaltungsinteresse auf horizontale Aushandlungsprozesse mit unterschiedlichen Stakeholdern zurückgreifen, um die von ihm erwarteten Leistungen noch erbringen zu können. In der Endabrechnung mögen die staatlichen Regierungen damit auf der nationalen wie auf der internationalen Ebene zwar einen Teil ihrer Monopolstellung einbüßen. Insgesamt werden sie aus diesem Wandel von Staatlichkeit aber eher gestärkt hervorgehen, durchaus mit einer veränderten Rolle, aber zugleich mit einer, die sie auch in Zukunft noch fordern, aber weniger überfordern wird: als Wegbereiter und Garanten einer erfolgversprechenderen Problembearbeitung im Rahmen eines effektiven öffentlich-privaten Multilateralismus.

Abkürzungen

BWÜ	Übereinkommen über das Verbot biologischer Waffen
CTC	Counter-Terrorism Committee
CWÜ	Chemiewaffen-Übereinkommen
DDA	Department of Disarmament Affairs
DPKO	Department of Peacekeeping Operations
ECOSOC	Economic and Social Council
FAO	Food and Agriculture Organization
GATT	General Agreement on Tariffs and Trade
IAEO	Internationale Atomenergie-Organisation
IBRD	International Bank for Reconstruction and Development
ICAO	International Civil Aviation Organization
ICISS	International Commission on Intervention and State Sovereignty
ICTR	International Criminal Tribunal for Rwanda
ICTY	International Criminal Tribunal for the Former Yugoslavia
IFAD	International Fund for Agricultural Development
IFC	International Finance Corporation/Internationale Finanz-Corporation
IGH	Internationaler Gerichtshof
IKRK	Internationales Komitee vom Roten Kreuz
ILO	International Labour Organization/Internationale Arbeitsorganisation
IMO	International Maritime Organization
IStGH	Internationaler Strafgerichtshof
ITU	International Telecommunication Union
IWF	Internationaler Währungsfonds
MAI	Multilateral Agreement on Investment
MIGA	Multilateral Investment Guarantee Agency
MONUC	United Nations Mission in the Democratic Republic of Congo
NRO	Nichtregierungsorganisation
NVV	Nuklearer Nichtverbreitungsvertrag
OCHA	United Nations Office for the Coordination of Humanitarian Affairs
OECD	Organization for Economic Co-operation and Development
ONUC	Organisation des Nations Unies au Congo
OPEC	Organization of the Petroleum Exporting Countries
PLO	Palestine Liberation Organization

RUNIC	Regional United Nations Information Centre
SWAPO	South West Africa People's Organization
UNAMIR	United Nations Assistance Mission for Rwanda
UNAMSIL	United Nations Mission in Sierra Leone
UNCED	United Nations Conference on Environment and Development
UNCHE	United Nations Conference on the Human Environment
UNCTAD	United Nations Conference on Trade and Development
UNCTC	United Nations Centre on Transnational Corporations
UNDP	United Nations Development Programme
UNEF	United Nations Emergency Force
UNEP	United Nations Environment Programme
UNESCO	United Nations Educational, Scientific and Cultural Organization
UNHCR	United Nations High Commissioner for Refugees
UNICEF	United Nations Children's Fund
UNIDO	United Nations Industrial Development Organization
UNITAF	Unified Task Force
UNFPA	United Nations Population Fund
UNMIK	United Nations Interim Administration Mission in Kosovo
UNMIL	United Nations Mission in Liberia
UNODC	United Nations Office on Drugs and Crime
UNOSOM	United Nations Operation in Somalia
UNPROFOR	United Nations Protection Force
UNRWA	United Nations Relief and Works Agency for Palestine Refugees
UNSCOM	United Nations Special Commission
UNTAG	United Nations Transition Assistance Group
UNTCOK	United Nations Temporary Commission on Korea
UNTSO	United Nations Truce Supervision Organization
WFP	World Food Programme
WHO	World Health Organization
WIPO	World Intellectual Property Organization
WTO	World Trade Organization

Literaturverzeichnis

Das Editionsprinzip dieser Reihe sieht vor, dass Argumente und Zitate, die nicht auf den Verfasser selbst zurückgehen, nicht in Einzelnen kenntlich gemacht werden können. In der nachfolgenden Literaturübersicht sind Darstellungen und Untersuchungen zu den Vereinten Nationen zusammengestellt, auf die ich an verschiedenen Stellen immer wieder mit großem Gewinn zurückgreifen konnte und die ich für eine vertiefende Lektüre nachdrücklich empfehlen möchte. Als besonders nützliche Informationsquellen hervorzuheben sind darüber hinaus: die offiziellen Webseite der Vereinten Nationen (http://www.un.org), das Regionale Informationszentrum der UNO in Bonn (http://www.runiceurope.org) sowie vor allem die Zeitschrift Vereinte Nationen, die von der Deutschen Gesellschaft für die Vereinten Nationen (DGVN) herausgegeben wird und von deren Mitgliedern kostenlos bezogen werden kann (http://www.dgvn.de). Diese Zeitschrift informiert aktuell und kompetent über die verschiedenen Tätigkeitsfelder der Vereinten Nationen. Auf die zahlreichen Beiträge und Dokumente aus dieser Zeitschrift, die in den vorliegenden Band eingeflossen sind, sei an dieser Stelle summarisch verwiesen. Eine nach wie vor nützliche Informationsquelle stellt das von Rüdiger Wolfrum herausgegebene Handbuch Vereinte Nationen dar. Den besten aktuellen Überblick über die gegenwärtigen Herausforderungen an die Vereinten Nationen bietet das von Sabine von Schorlemer herausgegebene Praxishandbuch UNO. Unter den zahlreichen Linksammlungen zu den Vereinten Nationen ist die der Universität Tübingen besonders hervorzuheben (http://www.uni-tuebingen.de/uni/ spi/url32.htm#3222).

A more secure world: Our shared responsibility. Report of the High-level Panel on Threats, Challenges and Change, United Nations 2004.

Annan, Kofi 2004: Die Vereinten Nationen im 21. Jahrhundert. Reden und Beiträge 1997–2003, hrsg. von Manuel Fröhlich, Wiesbaden.

Behr, Hartmut 2004: Terrorismusbekämpfung vor dem Hintergrund transnationaler Herausforderungen. Zur Anti-Terrorismuspolitik der Vereinten Nationen seit der Sicherheitsrats-Resolution 1373, in: Zeitschrift für Internationale Beziehungen, Heft 1 (2004), S. 27–59.

Boutros-Ghali, Boutros 1995: Agenda für den Frieden, Berlin.

Brozus, Lars/Take, Ingo/Wolf, Klaus Dieter 2003: Vergesellschaftung des Regierens? Der Wandel nationaler und internationaler politischer Steuerung unter dem Leitbild der nachhaltigen Entwicklung, Opladen.

Czempiel, Ernst-Otto 1994: Die Reform der UNO: Möglichkeiten und Mißverständnisse, München.

Daase, Christopher 1999: Kleine Kriege – Große Wirkung. Wie unkonventionelle Kriegführung die internationale Politik verändert, Baden-Baden.

Deutscher Bundestag (Hrsg.) 2002: Schlussbericht der Enquete-Kommission Globalisierung der Weltwirtschaft, Opladen.

Fröhlich, Manuel 2002: Dag Hammarskjöld und die Vereinten Nationen. Die politische Ethik des UNO-Generalsekretärs, Paderborn.

Fues, Thomas/Hamm, Brigitte (Hrsg.) 2001: Die Weltkonferenzen der 90er Jahre: Baustellen für Global Governance, Bonn.

Göller, Josef-Thomas 1995: Anwälte des Friedens. Die UNO und ihre sechs Generalsekretäre, Bonn.

Hauff, Volker (Hrsg.) 1987: Unsere gemeinsame Zukunft. Weltkommission für Umwelt und Entwicklung, Greven.

Held, David 1995: Democracy and the Global Order. From the Modern State to Cosmopolitan Governance, Cambridge.

Hüfner, Klaus (Hrsg.) 1994: Die Reform der Vereinten Nationen, Opladen.

Martens, Kerstin 2005: NGOs and the United Nations, Houndsmills.

Newman, Edward/Rich, Roland (Hrsg.) 2004: United Nations Democracy Promotion: Ideals and Reality, Tokyo.

Rittberger, Volker/Mogler, Martin/Zangl, Bernhard 1997: Vereinte Nationen und Weltordnung. Zivilisierung der internationalen Politik?, Opladen.

Schorlemer, Sabine von (Hrsg.) 2003: Praxishandbuch UNO. Die Vereinten Nationen im Lichte globaler Herausforderungen, Berlin.

UNDP 1994: Bericht über die menschliche Entwicklung 1994. Deutsche Ausgabe hrsg. von der Deutschen Gesellschaft für die Vereinten Nationen, Bonn.

We the peoples: Civil society, the United Nations and global governance. Report of the Panel of Eminent Persons on United Nations – Civil Society Relations («Cardoso Report»), United Nations General Assembly, 11. Juni 2004 (A/58/817).

Wolfrum, Rüdiger (Hrsg.) 1991: Handbuch Vereinte Nationen, 2. Auflage, München.

Personen- und Sachregister